Yvonne Kejcz

HUNDE HALTUNG

Kosmos

Welcher Hund passt zu mir? ▸ 4

Der Hund zieht ein ▸ 27

Gesunde Ernährung ▸ 45

Richtige Pflege ▸ 57

Rundum gesund ▸ 65

Erziehung leicht gemacht ▸ 77

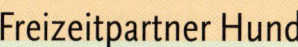

Freizeitpartner Hund ▸ 97

Service ▸ 115

Welcher Hund passt zu mir?

Welcher Hund passt zu mir?

Gemeinsam mit Freunden spazieren gehen ist mit das Schönste, was es gibt. Erziehen Sie Ihren Hund so, dass er und Sie dieses Vergnügen genießen können.

▶ Am Anfang war der Hund

Wissenschaftler rücken den Start der Partnerschaft zwischen Mensch und Hund immer weiter zurück in graue Vorzeiten. Was heute unsere Archäologen mühsam beweisen, davon erzählen die Mythen der Naturvölker schon immer: Hund und Mensch gehören danach von Anbeginn der Zeiten zusammen. Der Hund bringt in vielen dieser Mythen den Menschen das Feuer, manchmal stiehlt er es für seine Freunde. Mit dem »Besitz« des Feuers aber wurde die menschliche Entwicklung erst möglich. Der Hund steht in diesen Legenden also als zentraler Entwicklungshelfer für die menschliche Geschichte.

Und bevor es Menschen gab, hatten die Götter schon Hunde, die sie begleiteten, die wachten und die Botschaften brachten. Gudrun Beckmann beschreibt in ihrem Buch viele dieser wunderbaren Geschichten, die alle eine Botschaft haben: Ohne Hunde keine Kultur, keine effektiven Jagdtechniken, keine Kenntnis von Nutzpflanzen. Hunde helfen Menschen von der Welt der Lebenden in die der Toten und sie wachen über die Grenze zwischen beiden. Für seine Leistungen für die Menschen darf der Hund an ihrem Lager leben und wird gefüttert.

Von Anbeginn der Zeiten bis heute eine Geschichte, in der immer die Menschen profitierten, manchmal auch Hunde, meist zogen sie aber deutlich

den Kürzeren. Für mehr oder weniger gutes Futter und mehr oder weniger gute Behandlung stellen sie uns ihre fantastischen Fähigkeiten zur Verfügung, als Wächter, als Hüter, als Supernase.

▶ Der Wolf im Hundepelz

Auch wenn unsere Beziehungsgeschichte schon weit über hunderttausend Jahre dauert, stecken in unseren Hunden immer noch eine Menge Verhaltensweisen ihrer wölfischen Ahnen. Diese Verhaltensweisen machen sie zum idealen Partner für uns und wir müssen sie kennen, damit wir unsere Freunde besser verstehen.

Ihr Hund will es Ihnen recht machen. Er will lernen, Sie zu verstehen. Es ist daher Ihre wichtigste Verpflichtung, wenn Sie einen Hund zu sich nehmen, sein Verhalten und seine »Sprache« zu lernen.

Wölfe leben in einem Zweckverband zur optimalen Futterbeschaffung und zur effektiven Familienplanung. Gemeinsame Jagd und gemeinsame Aufzucht von Welpen sind Ziel und Gegenstand des Rudels. Damit das funktioniert, gibt es eine klare Arbeitsteilung, bei der jeder seinen Platz hat und seinen Beitrag für die Zielerreichung leistet. Ein Chef und eine Chefin leiten gemeinsam die Truppe. Nur die beiden bekommen in der Regel Nachwuchs, aber alle kümmern sich um die Jungen, wenn sie da sind. Das Leitungsteam ist klug, selbstbewusst, führt und verlangt perfekte Ausführung der Jobs. Man mag sich in dieser klaren Hierarchie und zeigt sich das auch: die »Mitarbeiter« durch Körpersprache, soziale Fellpflege, durch Schmusen und gemeinsames Heulen, die Chefs durch freundliche Herablassung.

Hundesprache

Tief in die Augen schauen darf bei Hunden nur der Ranghöhere dem Rangniederen. Das Anstarren ist ein aggressiv-dominanter Akt. Tun Sie das bei einem selbstbewussten fremden Hund, können Sie in Schwierigkeiten kommen. Der Rangniedere wendet den Blick ab, um zu demonstrieren, dass er friedliche Absichten hat.

Hochspringen und »Küsschen geben« ist kein aggressiver Akt und eigentlich auch keine Ungezogenheit. Rangniedere Hunde und Welpen versuchen durch Hochspringen und Stossen der Schnauzen in den Mundwinkel der Ranghöheren zu demonstrieren, dass sie die lieben Kleinen sind. Mutti hat in Welpenzeiten nämlich nach so einer netten Begrüßung schnell noch etwas Futter hochgewürgt. Ihr Hund demonstriert damit: »Ich bin lieb, du bist der Boss, wir sind ein Team.« Also nicht böse abwehren, das kann der Wolf in Ihrem Hund nicht verstehen, sondern besser ablenken oder ihn ein anderes Begrüßungsritual lehren, z.B. hinsetzen und Pfötchen geben.

Verbeugung – also Po in die Höhe, Vorderläufe auf den Boden – machen Hunde nicht aus Ehrfurcht, sondern als Spielaufforderung. **Gähnen und kratzen** tun Hunde, weil sie müde sind und weil es sie juckt, aber genau wie bei uns kann das auch Unsicherheit, Überforderung und Stress bedeuten.

Aufreiten bei anderen Hunden, gleich welchen Geschlechts, und auch bei Menschen, insbesondere bei Kindern, ist keine sexuelle »Perversion«, sondern meist eine so genannte Dominanzgeste, mit der Ihr Angeber seinen höheren Rang demonstrieren will. Gestatten Sie ihm eine solche Demonstration bloß nicht, das ist eine Frechheit.

Wenn Zeit ist, spielt man miteinander und zeigt den Jungen spielerisch, wie man jagt und Beute macht.

Ihr Hund will auch nach hunderttausend Jahren nichts anderes von Ihnen: einen Platz im Rudel, eine Aufgabe, Ihre Führung und Ihre Zuneigung.

▶ Eine unendliche Geschichte

Könige und Präsidenten, Verbrecher und Heilige, Arme und Reiche, Sesshafte und Nichtsesshafte, Familien und Singles, Schauspieler und Schullehrer, Genies und Einfältige – es gibt keine Gruppe von Menschen, in der man

Viele Menschen sehen in einem Hund einen wichtigen Bestandteil des Familienglücks – sie haben Recht!

nicht auch Hunde trifft. Hunde mögen Menschen ohne Ansehen ihrer Klasse oder Kasse. Menschen mögen Hunde – nicht immer ohne Ansehen ihrer Rasse, aber schon immer. Und meist ging die Beziehung zwischen Mensch und Hund tiefer, als es den Anschein hatte, auch bei den vielen Arbeitshunden.

Die Geschichten berühmter Dichter und Schriftsteller über ihre Hunde fül-

len Bibliotheken. Hunden wurden Denkmäler errichtet. Jeder, der einmal einen Hund hatte, kann Menschen, die diese wunderbare Erfahrung nicht machen durften oder gar nicht machen wollen, nur bemitleiden. Jeder, der diese Erfahrung machen durfte, weiß um den ganz besonderen Zauber, der in dieser Partnerschaft zwischen zwei Arten, zwischen Mensch und Hund, liegt.

Sie möchten diese Erfahrung auch machen? Dazu wünsche ich Ihnen Glück beim Finden Ihres Hundes. Ich wünsche Ihnen aber auch den Verstand und die Vernunft bei der Entscheidung, ob Sie und Ihre Lebensverhältnisse »hundetauglich« sind. Hunde brauchen zwar keine Villa und keine Millionen, aber sie brauchen Sie, sie brauchen Ihre Nähe und Ihre Zeit. Wenn Sie das nicht bieten können, dann ist es echte Hundefreundschaft, wenn Sie keinen Hund halten. Jedes Tierheim freut sich über ehrenamtliche Gassigeher oder Paten für Hunde, die nicht mehr vermittelbar sind. Vielleicht ist die Entscheidung gegen einen eigenen Hund die bessere Entscheidung für Sie und für den Hund. Dieses Buch soll Ihnen helfen, sich darüber klar zu werden, welche Entscheidung die richtige ist.

▶ Sie wollen einen Hund?!

Ihren Hundewunsch verstehe ich sehr gut. Aber überlegen Sie sich das ganz genau. Ich gebe Ihnen in diesem Kapitel einiges zu bedenken. Vier Gesichtspunkte sollten Sie bei ihrer endgültigen Entscheidung würdigen: 1. das Umfeld, in dem Sie sich mit Ihrem Hund bewegen, 2. die Bedürfnisse des Hundes, 3. Ihre persönlichen Voraussetzungen für eine gute Beziehung mit einem Hund, 4. die Ansprüche der unterschiedlichen Rassen oder Hundetypen (wenn es ein Mischling ist).

HUNDE IN UNSERER GESELLSCHAFT

▶ Früher Lassie, heute Kommissar Rex – der edle, treue und überdurchschnittlich intelligente Hund hat gute Karten. Der aufopferungsvolle Blindenhund, der Katastrophensuchhund, der mit blutenden Pfoten aus den Trümmern des zusammengestürzten Hauses schleicht, der Polizeihund, der den Verbrecher dingfest macht, und sogar der arbeitende Jagdhund werden geschätzt und gelobt.

Dabei leisten all die berufslosen Familienhunde eine enorm wichtige gesellschaftliche Aufgabe: Sie verbreiten gute Stimmung, sind Tröster, Spaßmacher, Gesellschafter von allen Altersgruppen. Hunde sind wunderbare Begleiter und öffnen unseren Blick für unsere Umwelt auf ganz besondere Weise. Fast fünf Millionen steuerzahlende und Tausende, die steuerpflichtig sind, für die aber keine bezahlt wird, leben unter uns und mit

Bei den großen Erdbeben sind sie zu Berühmtheit gelangt: Rettungshunde von ehrenamtlichen Helfern.

uns. Geliebt meist, oft auch so sehr, dass es ihnen schon wieder schadet.

Aber obwohl wir so viele sind, denn auf einen Hund kommen oft ja mehrere Menschen, sind Hundefans nicht unbedingt eine gesellschaftliche Kraft. Nur so kann es sein, dass Hunde derzeit keine besonders guten Karten bei uns in Deutschland haben. Ihr Anteil an der »Bevölkerung« rangiert weit hinter dem ihrer Artgenossen in Frankreich, England und vielen anderen Ländern Europas.

Unseren Hunden geht es so gut wie nie?!

Ja klar, wenn man an Gesundheitsvorsorge und Ernährung, an Zubehör und Spielzeug denkt. Schlecht geht es unseren Hunden dann, wenn sie nur gefüttert und gepflegt werden. Hunde brauchen eine Aufgabe, brauchen Beschäftigung und Herausforderungen, sonst verwahrlosen sie seelisch und dann haben wir die Probleme mit Hunden, die den Hundefeinden in der Gesellschaft Recht geben.

HUNDEFREUNDE UNTER SICH ▶

Hundefreund ist nicht gleich Hundefreund. Viele Vorurteile gibt es untereinander. Man könnte Seiten damit füllen, was Halter von kleineren Hunden über die von größeren Schlechtes denken und umgekehrt. Fans einer bestimmten Rasse oder Fans von Mischlingen haben gegenüber Menschen mit anderen Favoriten geballte Vorurteile. Und schließlich weiß fast jeder Hundebesitzer alles besser als jeder andere. Und manchmal haben sie alle auch leider Recht. Es gibt sie schon, die Rücksichtslosen, die nur den eigenen

Verkehrserziehung und Umwelttraining – nicht nur für Großstadthunde ein absolutes Muss

Hund sehen und nicht die Ansprüche und Bedürfnisse der anderen. Es gibt sie schon, die arroganten Vertreter einer bestimmten Rasse, die alle anderen für minderwertig erachten. Es gibt sie schon, die unerträglichen Besserwisser. Aber wir sind so viele – man kann sich auch unter uns Hundefreunden seine Freunde aussuchen.

Hunde dürfen vieles nicht: frei laufen in vielen Städten, auch dann nicht, wenn sie gehorchen. Leinenzwang gilt meist auch in Parks, vielerorts sogar in Feld, Flur und im Wald. Menschen geraten in Panik, wenn ein frei laufender Hund kommt. Das journalistische Sommerloch und andere Ausfälle werden regelmäßig mit Berichten über die unendliche Geschichte mit dem Hundekot gefüllt. Wenn Sie mit Ihrem Hund durch ein Wohngebiet flanieren, machen Sie sich augenblicklich »verdächtig«. Als Hundehalter sind Sie

auch in der Sippenhaft: Wann immer Ihr Nachbar Kot – von welchem Tier auch immer – in seinem Garten gefunden hat, ernten Sie einen vorwurfsvollen Blick.

Hunde dürfen meist nicht mit in Büros, ins Kino oder zur Gemeinderatssitzung, dabei sind sie meist verschwiegen und äußerst angenehme Gesellschafter.

Hunde werden besteuert, und zwar meist deutlich höher als ein Kleinwagen, obwohl dieser entschieden umweltfeindlicher, gefährlicher und lauter ist als jeder Hund.

Hundehalter müssen sich für ihre Hundeliebe rechtfertigen. Autorennfahrer, Briefmarkensammler oder Skifahrer müssen das für ihr Hobby nicht tun.

Wenn Sie einen Hund haben, könnte es sein, dass Sie einige Dinge nicht mehr tun können oder nicht mehr so tun können, wie Sie das gewohnt waren. Einige Ihrer Freunde werden Sie vielleicht vor die Alternative stellen: »Er oder ich!« Wenn Sie trotzdem einen Hund wollen, bedenken Sie die folgenden Punkte.

▶ Das will ein Hund von Ihnen

Hunde sind deshalb als einziges Tier eine Partnerschaft mit den Menschen eingegangen, weil Sie uns – das ist ihr fataler Irrtum – für einen Artgenossen der besonderen Art halten. Wenn Sie Ihrem Hund ein guter »Hund« sind, hat er alles, was er sich nur wünschen kann, und Sie haben einen Traumpartner auf vier Pfoten.

▶ Ihr Hund will wissen, dass er zu Ihnen gehört und dass Sie ihm zeigen, was sie von ihm erwarten – er will Sie als seinen Leithund.

▶ Ihr Hund will mit Ihnen zusammen sein und etwas zusammen tun, er ist ein Rudeltier, das darin seinen Lebenssinn sieht – er will nicht weggesperrt und bei Bedarf herausgezerrt werden.

▶ Ihr Hund braucht Ihre Fürsorge für sein körperliches und seelisches Wohlbefinden – er kann erwarten, dass Sie sich über artgerechte Beschäftigung, Ernährung und Gesundheitsvorsorge kundig machen und diese anwenden.

▶ Ihr Hund hat keine Wahl, wenn Sie ihn kaufen oder übernehmen – er darf erwarten, dass Sie ihn nicht verraten.

▶ Passen Sie zu einem Hund?

Diese Fragen sollten Sie sich ernsthaft stellen, auch wenn manche scherzhaft formuliert sind.

☐ Sie freuen sich auf den Hund und wollen alles lernen und wissen, was es über Hunde zu wissen gibt?

☐ Ihre Familie freut sich gemeinsam auf den Hund und unterstützt Sie in allen (Hunde-)Dingen?

☐ Ihr Mietvertrag gestattet Hundehaltung ausdrücklich?

☐ Sie wissen, dass bestimmte Ansprüche an eine gepflegte Wohnumgebung nur noch mit erhöhtem Aufwand befriedigt werden können? Wenn Sie ein Hundehaar in der Suppe entdecken, können Sie das aushalten, auch wenn Sie die Suppe nicht auslöffeln?

☐ Wenn Ihre eitle Hündin sich eben mal kurz in frisch ausgebrachter Gülle »parfümiert« hat, bekommen Sie keinen Nervenzusammenbruch und nur mäßigen Brechreiz beim Säubern?

☒ Sie sind entschlossen, Ihrem Hund die Beschäftigung zu bieten, die seinem Typ und seinem Alter entspricht?

☐ Sie wollten Ihre Garderobe ohnehin um mehr sportive Stücke erweitern und freuen sich über freundschaftliche Tipps anderer Hundebesitzer über wasserdichte Jacken und Schuhe?

☐ Für Sie ist Ihr Auto eine praktische fahrbare Hundehütte: Haare, Dreckspritzer, Hundekram aller Art auf dem Rücksitz machen Ihnen überhaupt nichts aus? Auch der Hundegeruch, der sich irgendwann im Auto festsetzt, stört Sie nicht?

☒ Sie gehen davon aus, dass Sie ein ganz ausgezeichneter Rudelchef für Ihren Hund sein werden: geduldig, überlegen, cool, konsequent und auf jeden Fall klüger als er?

☒ Sie wissen, dass Hunde sehr an Ihren Menschen hängen und planen Ihre künftigen Urlaube entsprechend?

☒ Sie wissen, dass alle Angaben in Ratgebern über den täglichen Zeitbedarf für Hunde zu knapp bemessen sind? Sie sorgen dafür, dass Ihr Hund tatsächlich an Ihrer Seite leben kann und organisieren Ihr Leben entsprechend?

☐ Sie haben für Notfälle einen »Paten«, der Ihren Hund betreut, falls Sie oder Ihre Familie einmal nicht zur Verfügung stehen?

☐ Sie wissen, dass Sie mit Ihrem Hund auch Verantwortung für andere Hunde und für das Ansehen aller Hunde übernehmen? Sie wählen deshalb einen Hund, der zu Ihnen passt, und prägen ihn gut auf die Umwelt und den Umgang mit anderen Hunden?

☐ Ein Garten ist für Ihren Hund und für Sie ausgesprochen angenehm und nützlich, Zwingerhaltung dagegen halten Sie für hundefeindlich?

☒ Auch wenn man natürlich nicht darüber spricht: ein Hund kostet Geld und nicht wenig. Sie können sich Tierarzt, Versicherung, Steuer, Futter, Spielzeug usw. wirklich leisten?

▶ Ein Hund für Ihr Kind?

Bei vielen gehört zum Bild einer idealen Familie der Hund zum Kind. Selbst die Waschmittelreklame hat das jetzt übernommen. Das ist auch durchaus in Ordnung. Hunde und Kinder passen ganz ausgezeichnet zusammen. Körperkontakt, wilde Spiele, Spaß an der Bewegung, all das teilen sie gerne. Hunde genießen die Aufmerksamkeit ihrer Menschen und sind deshalb ganz tolle Zuhörer und das wiederum ist für

herein kinderfreundlich oder kinderfeindlich sind. Hunde werden durch ihre Erfahrungen mit Kindern in die eine oder andere Richtung tendieren. Je nachdem wie alt Ihre Kinder sind und wie stark sie in die Verantwortung für den Hund eingebunden werden sollen, sollten Sie die Rasse wählen. Prinzipiell gilt,

▶ dass der Hund nicht zu klein sein sollte und ein stabiles Nervenkostüm mitbringt, ein Kinderknuff darf nicht gleich einen Nervenzusammenbruch auslösen;

▶ dass der Hund nicht zu groß sein soll, sonst können auch ältere Kinder nicht alleine mit ihm raus;

▶ dass kleine Kinder und Hunde niemals ohne Aufsicht bleiben sollten, im wohlverstandenen Interesse von beiden.

▶ Erst denken, dann handeln!

Jetzt sind Sie sich also sicher: ein Hund soll Ihr Leben mit Ihnen teilen. Es gibt, das wissen Sie, jede Menge vernünftiger Gründe dagegen. Sie haben sie alle abgewogen. Es gibt aber jede Menge unvernünftiger, ganz wunderbarer Gründe für die Partnerschaft mit einem Hund. Trotzdem, gerade wenn Sie jetzt in die entscheidende Phase treten und sich für einen bestimmten Hund entscheiden wollen, benutzen Sie Ihren Verstand! Stellen Sie Maßstäbe auf, formulieren Sie Ziele, machen Sie Pläne, überlassen Sie möglichst wenig dem Zufall und überlassen Sie sich vor allem nicht vollständig Ihrem Gefühl.

▶ Welche Rasse passt zu Ihnen?

Die meisten Menschen suchen sich den Hund nach seinem Aussehen aus. Das ist normal, die einen mögen den

Freunde fürs Leben: Kinder, die mit Hunden aufwachsen dürfen, haben ganz großes Glück und viele Lernchancen, die andere nicht haben.

Kinder ganz prima. Hunde lehren Kinder neben der sprachlichen Verständigung, in gleicher Weise auf die Körpersprache zu achten. Hunde lehren Kinder, dass man sofort Rückmeldung bekommt, und das lehren Hunde ihre kleinen Freunde schnell und drastisch.

Hunde lehren Kinder viele soziale Kompetenzen. Amerikanische Forscher haben das erst kürzlich nachgewiesen: die soziale Intelligenz ist deutlich höher bei Kindern, die mit Hunden aufwachsen. Und gewusst haben wir das, die wir mit Hunden aufgewachsen sind, auch ganz ohne Forschung, einfach durch das Glück, das wir in der Kindheit dabei erfahren durften.

Aber: Es gibt keinen Hund für Ihr Kind, gleich welchen Alters. Es ist letztlich immer *Ihr* Hund, Sie müssen ihn wollen und Sie sind für ihn verantwortlich, Sie tragen auch die pädagogische Verantwortung dafür, dass beide Partner das Beste aus dem gemeinsamen Leben ziehen.

Es gibt keine Hunde, die von vorn-

Mini und Maxi –
den Hunden ist es
gleich, aber Vor-
sicht ist angesagt
bei Hundebegeg-
nungen mit solch
extremen Größen-
unterschieden.

frechen Terrierblick, andere fühlen sich
bei den Stehohren der Schäferhunde
nicht so wohl, wieder andere mögen
große puschelige Bären, andere kleine
kecke Kerlchen. Meine Nessy ist eine
Hovawart-Hündin; Hovawarte gibt es
in drei Farbschlägen, und viele Interessenten wollen unbedingt einen Hovi
einer bestimmten Farbe und unter keinen Umständen einen andersfarbigen
Welpen.

Manche Leute schwärmen für eine
bestimmte Rasse, weil sie damit einen
Traum verbinden, den sie im Alltag
nicht leben können. Der Husky zum
Beispiel steht oft für Freiheit, Wildheit
und Abenteuer. Der majestätische
Berghund steht oft für Naturverbun-
denheit und selbstbewusste Kraft. Man
könnte ganze Psychologiebücher mit
den Träumen füllen, die Menschen in
bestimmte Hunderassen hinein-
deuten. Die Autohersteller leben von

solchen Träumen und bauen ihre Autos
danach. Aber Hunde sind keine Autos,
die sich nur in Design, Lack, PS-Zahl
und im Preis unterscheiden. Unter
ihrem unterschiedlichen Fell stecken
ganz unterschiedliche Persönlichkei-
ten.

Menschen haben sich in vielen Jahr-
tausenden den Hund nach ihren Wünschen gezüchtet. Rassen gab es schon
lange. Unsere Vorfahren hatten wahrscheinlich schon sehr früh Hunde zur
Zucht verwendet, die besondere Begabungen hatten: gute Jagdhunde, selbstbewusste Wächter für Hof und Habe,
gehorsame Helfer beim Viehhüten und
beim Viehtrieb. Die über 350 heute
weltweit anerkannten Rassen zeigen,
welche Vielfalt von »Hundespezialis-
ten« aus dieser Geschichte hervorge-
gangen sind. (Die große Zahl der
Rassen könnte sicherlich beträchtlich
verkleinert werden, weil es sich manch-

mal um gleiche Rassen handelt, die lediglich in verschiedenen geografischen Regionen entstanden sind und sich nur in Kleinigkeiten unterscheiden.)

Wichtig für Ihre Überlegung ist aber, dass jede Rasse oder jeder Hundetyp bestimmte Begabungen hat, bestimmte Eigenheiten und bestimmte Anforderungen an Sie als Halter stellt. Auch wenn Sie in eine bestimmte Rasse absolut vernarrt sind, sind die allerwichtigsten Fragen nicht: Gefällt er Ihnen? Haart er? Entspricht die Größe Ihren Vorstellungen?

Sie müssen vielmehr wissen, welchen genetisch verankerten »Beruf« Ihr Welpe hat, dann können Sie entscheiden, ob Sie ihm die richtige »Stelle« anbieten.

Wenn Sie diese »Hundeberufe« kennen, können Sie gut beurteilen, ob eine bestimmte Rasse oder ein bestimmter Rassemix zu Ihren Lebensbedingungen passt. Ich stelle Ihnen ab

> ## Die wichtigsten Fragen bei der Rassewahl
>
> Für welchen Zweck wurde die Rasse gezüchtet?
> Welche Ansprüche stellt diese Rasse an Erziehung?
> Wie sieht eine angemessene Beschäftigung für diese Rasse aus?

Seite 23 diese Hundeberufe vor und die Rassen, die dazugehören. Dann können Sie selbst überlegen:

▸ Wie sind meine Lebensverhältnisse (häusliche Umgebung, Familie, Kinder, Haustiere, bevorzugte Urlaubsgegenden, bin ich viel unterwegs, soll mein Hund überall mit)?

▸ Welcher Hund passt zu meiner Wohngegend (Stadt könnte ein Problem sein, aber auch das flache, wildreiche Land)?

▸ Wie sind meine Fähigkeiten als »Leithund« (bin ich jemand, der fünfe

Das Spiel mit anderen Hunden gehört zu dem artgerechten Leben, das Sie Ihrem Hund bieten müssen.

grade sein lässt, oder setze ich mich problemlos und gewaltfrei durch)?

▶ Will ich mit meinem Hund arbeiten, d.h. eine Ausbildung in einem Hundesportfach absolvieren?

▶ Soll er mich beim Freizeitsport begleiten?

▶ Sollen meine Kinder mit dem Hund spielen und spazieren gehen, vielleicht sogar Hundesport machen können?

Fast alle Rassehunde gehen heute nicht mehr ihren vorbestimmten Berufen nach, fast alle sind sie Familienhunde geworden. Es ist Ihre Pflicht, dazu beizutragen, dass Sie einen Hund zu sich holen, dessen Begabungen und Anlagen Sie gerecht werden können.

Viele unserer gegenwärtigen Probleme mit Hunden kommen daher, dass wir uns Hunderassen ins Haus nehmen, deren Ansprüchen wir nicht gerecht werden und die sich dann halt selbst »verwirklichen«. Wenn Sie einen Hund möchten, der aufs Wort hört, einmal am Tag mit Ihnen durch den Park spaziert und ansonsten ruhig in Haus und Garten döst, und sich einen Husky kaufen, haben Sie garantiert bald Probleme. Wenn Sie für sich und Ihre Kinder einen bärigen Owtcharka kaufen, der Sie täglich am Rad begleitet oder allein mit den Kindern Gassi geht, haben Sie bald wirkliche Probleme. Wenn Ihr Hund bei Ihnen glücklich sein soll und wenn Sie mit Ihrem Hund glücklich werden wollen, dann suchen Sie sich eine Rasse aus, die zu Ihnen passt, nicht eine Rasse, die Ihnen vom Aussehen oder vom Image zunächst am besten gefällt. Wir helfen Ihnen ab Seite 23 bei der Wahl und jeder verantwortungsbewusste Züchter wird Sie entsprechend beraten.

▶ **Wenn es kein Welpe sein soll**

Rassehunde und Mischlinge gibt es bei Zuchtvereinen, in Tierheimen und aus privater Hand.

> ### TIPP
>
> *Um die Notvermittlung von erwachsenen Rassehunden kümmern sich zumeist die Rassevereine. Sie finden sie über den VDH, die Welpenvermittlungsstellen, in Hundezeitschriften oder im Internet.*

Es ist nicht einfacher, einen erwachsenen Hund zu sich zu nehmen als einen Welpen. Erwachsene Hunde haben immer eine Geschichte und oft kennen die, die Ihnen den Hund vermitteln, diese gar nicht – oder nur Bruchstücke davon. Der erste Eindruck kann trügen. Hunde, die in Tierheimgruppen unauffällig und angepasst sind, können sich nach einigen Wochen im neuen Heim als rechte Rambos entpuppen. Zuchtvereine und Tierheime, die Ihnen einen solchen Hund vermitteln, helfen meist auch noch mit Rat und Tat, wenn der Hund bei seiner neuen Familie ist. Anders ist das oft bei Anzeigen. Hier ist äußerste Vorsicht zu empfehlen.

Beim erwachsenen Hund müssen Sie sich genau über Ihre Ansprüche klar werden, wenn Sie die richtige Wahl treffen wollen: Soll er mit anderen Haustieren verträglich sein? Braucht er Erfahrungen mit Kindern? Kann er allein bleiben, Auto fahren oder andere wichtige Dinge Ihres gemeinsamen Lebens oder muss er es erst lernen? Was muss er überhaupt schon können, was können Sie ihm beibringen?

TIPP

Sie machen es sich mit einem erwachsenen Hund wahrscheinlich nicht einfacher als mit einem Welpen, aber Sie tun sicher immer ein gutes Werk, wenn Sie einen Hund zu sich nehmen, den jemand anders nicht mehr halten wollte oder halten konnte.

▶ Wenn es kein Rassehund sein soll

Mischlinge sind statistisch die beliebtesten Hunde. Viele Legenden werden um Ihre Gesundheit und Intelligenz gestrickt. Einige mögen stimmen, andere nicht. Ein Mischling ist auf jeden Fall ein vollwertiger Hund. Anders als der Rassehund ist der Mischling allerdings ein Blankoscheck. Man kann sich beim Welpen – auch wenn man die Eltern kennt – nicht genau vorstellen, wie er später aussehen wird, und – das ist wichtiger – man weiß auch nicht genau, wie sein Wesen sein wird. Wenn Sie also ein Mensch sind, der eher auf Nummer sicher geht, dann wählen Sie besser einen Rassehund oder einen Mischling aus zwei typähnlichen Eltern.

Meist ist aber der Mischlingskauf, sofern man etwas dafür bezahlt, eine spontane Handlung aus Mitleid oder Zuneigung. Sofern eine solche Liebesgeschichte ein Hundeleben lang hält, ist nichts dagegen zu sagen. Schlimm ist es, wenn daraus eine der vielen Wegwerfbeziehungen zwischen Hund und Mensch entsteht. Aber Sie machen sich ja Gedanken, sonst würden Sie sich nicht so gründlich informieren.

Legen Sie bei der Auswahl Ihres Mischlingswelpen die gleichen Maßstäbe an, die wir bei den Rassehunden formuliert haben. Achten Sie vor allem darauf, dass Ihr Welpe eine gute Kinderstube hatte. Die vielen Mischlingswelpen, die die Landwirte in ihren Wochenblättern anbieten, mögen gute Gene haben, sind in aller Regel aber schlecht und nicht artgerecht ernährt, sie sind meist gesundheitlich in mäßigem bis schlechtem Zustand und sie sind vor allem anderen schlecht geprägt und nicht auf uns und unsere Umwelt sozialisiert. Gesundheitsprobleme können Sie vielleicht heilen, Versäumnisse in der Prägungsphase belasten meist ein Leben lang. Auch wenn Ihnen die Kleinen in einer der vielen Scheuern und Schweinekoben Leid tun, überlegen Sie genau, ob Sie bereit sind, an den Defiziten, die solche Welpen auf jeden Fall haben, zu arbeiten.

Ein gut sozialisierter Mischling aus guten Eltern wird ein guter Begleiter für Sie – kein besserer, aber auch kein schlechterer als ein Rassehund, sofern seine Veranlagung und ihre Veranlagung gut harmonieren.

▶ Rassehunde vom VDH

Sie denken jetzt vielleicht, diese Vereinsmeierei auch bei Hunden, die brauchen Sie nicht. Sie möchten einfach einen netten gesunden Hund, der so aussieht wie der Rassehund, den Sie sich wünschen. Das wollen die meisten. Nur, damit Ihr Hund so aussieht und charakterlich so ist, wie ein bestimmter Rassehund sein sollte, dafür ist jede Menge Sachkunde und Erfahrung nötig. Es reicht nicht, zwei Hunde einfach »heiraten« zu lassen. Das ist keine Zucht, sondern gedankenlose Vermehrung.

Zucht sollte darauf abzielen, den

Nachwuchs im Wesen, in der Gesundheit und im Aussehen mindestens so gut, wenn nicht besser zu machen als die Eltern. Deshalb muss man sich bei den Vorfahren auskennen, deshalb muss man kontrollieren, dass nur gesunde Tiere in die Zucht kommen, und deshalb muss man bestimmte Richtlinien auch für die Züchter und die Aufzucht aufstellen.

In Deutschland gibt es nur einen seriösen Dachverband der Hundezucht- und Hundesportvereine. Es ist der VDH (Verband für das Deutsche Hundewesen).

In Österreich ist es der ÖKV (Österreichischer Kynologenverband), in der Schweiz ist es die SKG (Schweizerische Kynologische Gesellschaft). Diese Verbände stellen für die Rassehundezucht verbindliche Richtlinien auf und kontrolliert deren Umsetzung. Alle drei Dachverbände sind Mitglied im Weltverband FCI (Fédération Cynologique Internationale).

TIPP

Kaufen Sie niemals einen Hund, gleich welcher Rasse, der nicht VDH-Papiere oder – wenn Sie im Ausland kaufen – entsprechende Papiere von FCI-Mitgliedsverbänden hat. Es kann schon sein, dass auch ein Hund aus einem anderen Verband oder die Welpen aus Nachbars zufälliger Hundehochzeit gute Hunde werden können. Nur: das ist zufällig!

Sie wollen einen Welpen, der sorgfältig auf Gesundheit und gutes Wesen gezüchtet und bestmöglich aufgezogen wurde? Dann geben Sie sich mit keinem anderen Hund zufrieden. Unterstützen Sie keinesfalls die unkontrollierte Hundevermehrung, die andere so genannte Hundezuchtverbände oder gar die abscheulichen Hundehändler betreiben.

Lassen Sie sich nicht von farbenprächtigen Ahnentafeln und prunkvollen anderen Nachweisen ablenken. In Deutschland darf jeder, der sechs Gleichgesinnte findet, einen Verein gründen, auch einen Hundezucht-

▶ Hundehändler sind tabu

Es ist völlig unverständlich und macht mich immer wieder wütend, dass trotz vieler Bücher, trotz aktueller Berichte in Zeitschriften und Fernsehsendungen, Hundehändler immer noch Kunden finden. Hunde sind keine Sachen und keine Waren. Schlecht aufgezogene Hunde sind nicht nur krank, sie haben meist auch große psychische Schäden, und das hat schlimme Auswirkungen auf die Halterfamilie und die Umwelt. Jeder, der einen Hund von einem der tierfeindlichen Händler oder gar aus einem Kofferraum auf einem Parkplatz kauft, verlängert das Leiden der Hündinnen und ihrer Welpen. Jeder neue Kunde wird somit zum Tierquäler, auch wenn er glaubt, einen Hund zu retten. Und wer Geld sparen will, sollte sich besser erst gar keinen Hund anschaffen. Die Anschaffungskosten selbst des teuersten Rassehundes stehen in keinem Verhältnis zu dem, was er im Laufe seines Lebens noch kosten wird. Händlerhunde sind meist die teuersten, denn Tierarzt und Tiertrainer verdienen meist jede Menge an ihnen, im Laufe des Hundelebens.

verein. Bei uns kann auch jeder mit Hilfe seines Grafikprogramms im PC einen Stammbaum für seine Asta entwerfen. Nichts ist geschützt, es gibt keine Normen und keine Kriterien für die Hundezucht, die solchen Missbrauch verhinden. Also machen Sie keine Experimente beim Hundekauf, suchen Sie Ihren Welpen in einem Rasseverein des VDH bzw. einem anderen FCI-Verband, sonst nirgends.

▶ Guter Rat ist nicht teuer

Rassezuchtvereine im VDH stehen Interessenten mit Rat und Tat zur Seite. Lange vor der eigentlichen Kaufentscheidung findet man Rat bei der Grundsatzfrage: »Passt ein bestimmter Rassehund zu mir, passe ich zu ihm?« Der Verein begleitet Sie auch bei der Suche nach einem Züchter.

Kontakt zum zuständigen Rassezuchtverein bekommen Sie über die Geschäftsstellen der nationalen Dachverbände, deren Adressen Sie hier im Buch auf Seite 117 finden (VDH, ÖKV und SKG), oder Sie finden die An-

> ### ▶ Ein Zwinger
>
> Zwinger bedeutet bei Hundeleuten keineswegs, dass Hunde in Drahtkäfigen gehalten werden. Zwinger ist das Wort für Zuchtstätte. Der Züchter überlegt sich einen Namen, und das ist dann der Zwingername, der geschützt wird und der dann quasi der Familienname Ihres Hundes ist. Alle Welpen eines Wurfs haben »Vornamen«, die mit demselben Buchstaben beginnen. Der erste Wurf in einer Zuchtstätte ist der A-Wurf, der zweite der B-Wurf usw.

schriften in aktuellen Hundezeitungen. Ganz aktuell ist natürlich das Internet. Viele Rassezuchtvereine im VDH haben schon eine eigene Homepage.

▶ Der Züchter macht den Hund

Obwohl der Rassezuchtverein seine Züchter kontrolliert und bestimmte Auflagen für die Aufzucht vorgibt, sind natürlich nicht alle Züchter gleich. Im Rahmen der Zuchtbestimmungen gibt es jede Menge unterschiedlicher Auf-

Ein guter Züchter macht seine Welpen umweltsicher.

fassungen davon, wie ein guter Hund sein sollte, was besonders wichtig ist und wie die Welpen am besten aufgezogen werden.

Züchter lieben alle ihre Hunde, aber jeder halt auf seine Weise. Sie sind so unterschiedlich, wie die Hunde unterschiedlich sein können. Ob also ein Züchter zu Ihnen passt, das müssen Sie selbst herausfinden, dabei kann Ihnen keine Welpenvermittlungsstelle helfen. Besuchen Sie möglichst verschiedene Züchter und machen Sie sich ein Bild von ihnen und ihren Hunden.

TIPP

Gute Zuchtstätten erkennen Sie nicht zuletzt daran, dass die Ausläufe der Welpen richtigen Abenteuerspielplätzen für Hunden gleichen. Blitzsaubere, aufgeräumte Zwinger (Käfige) sollten Sie immer misstrauisch machen. Je reizloser die Umgebung des Welpen, desto »wilder« ist Ihr Hund und desto mehr Arbeit haben Sie später damit, ihn selbstbewusst, umweltsicher und menschenfreundlich zu machen.

Die Hündin hat deutlich mehr Einfluss auf die Welpen als der Rüde. Hündinnen sind in aller Regel allein erziehende Mütter. Die Väter kommen bei den Hunden meist nur zum Fototermin zu ihren Kindern, damit die Familie wenigstens für das Familienalbum vollständig ist. Die Hündin dagegen ist das Vorbild ihrer Welpen und sie prägt sie auch im Verhalten. Es ist also schon aufschlussreich, sich diese wichtige Persönlichkeit für Ihren Welpen ganz

genau anzusehen, eben nicht nur ihr Outfit, sondern vor allem ihr Verhalten.

Mit der Entscheidung für eine Hündin haben Sie sich ein Stück weit festgelegt. Dass dann später alles trotzdem ganz anders werden kann, liegt erfreulicherweise daran, dass wir – solange wir die Welpen nicht klonen – eben Hundepersönlichkeiten züchten und keine baugleichen Prototypen.

▶ Züchter machen Hundebesitzer

Wenn Sie ernsthaftes Kaufinteresse äußern, wird jeder verantwortungsbewusste Züchter Sie einer genauen Prüfung unterziehen. Seine Welpen bedeuten ihm viel, er will sie nur in die besten Hände abgeben. Der Züchter hat schließlich durch die Auswahl der künftigen Halter einen großen Anteil daran, wie das Ansehen der Hunde in der Öffentlichkeit ist.

Er wird Sie nach den äußeren Bedingungen fragen, unter denen der Hund bei Ihnen leben wird. Er wird Sie nach Ihren Lebensverhältnissen fragen und dabei manchmal auch in den ganz persönlichen Bereich gehen. Nehmen Sie ihm das nicht übel. Im Gegenteil: An der Art, wie kritisch und wie eingehend sich der Züchter ein Bild von Ihnen machen will, erkennen Sie meist geradezu seine Qualität.

Er muss wissen, ob Sie von Ihren Lebensbedingungen, von Ihrem Wissen, Ihrer Einstellung und nicht zuletzt von Ihrer Lernbereitschaft her in der Lage sind, dem Hund ein guter Chef zu sein.

Helfen Sie dem Züchter also aktiv, sich ein solches Bild von Ihnen zu machen. Das hat nämlich auch noch den weiteren Vorteil, dass er Sie dann besser bei der Wahl des geeigneten Welpen unterstützen kann.

▶ Welcher Welpe soll es sein?

Das dürfen Sie erwarten, wenn Sie einen Wurf besichtigen: Sie werden bei Ihrem Besuch stürmisch von den Welpen begrüßt, sofern sie schon laufen können. Sie sind munter – falls sie nicht gerade ein Verdauungsschläfchen machen – ganz offensichtlich gesund und so zutraulich, dass es Ihnen anfangs vielleicht fast zu viel des Guten ist.

Obwohl alle Welpen eines Wurfs dieselben Eltern haben, sind sie nicht gleich. In jedem Wurf gibt es Bosse und Mitläufer, ruhigere und temperamentvollere, das ist von Mutter Natur auch so gewollt. Würden unsere Hunde sich nämlich mit Frau Mama selbstständig machen wollen als freie Wildhunde, brauchte man in einem Rudel für das Überleben alle möglichen Begabungen: den Draufgänger, der bedenkenlos auch mal in eine gefährliche Situation geht, für das Rudel damit eine Schutzfunktion übernimmt (und dabei vielleicht auch stirbt), den ruhigen Arbeiter, der für viele Aufgaben einsetzbar ist, keinen großen Ehrgeiz entwickelt, aber für die Stabilität des Rudels und den Alltag unverzichtbar ist, und man braucht auch den ängstlichen, vorsichtigen Typ, der Gefahren schnell erkennt und anzeigt.

Welcher Welpe eher welchem Typ ähnelt, weiß der Züchter ganz genau. Seine Welpen kennt er fast genauso gut, wie es die Mutterhündin tut. Vertrauen Sie also seinem Rat, wenn er Ihnen nicht zum Rambo, sondern zur Rosy rät. Ihr Züchter kennt seine Pappenheimer und wird gemeinsam mit Ihnen den Welpen auswählen, der zu Ihnen und Ihren Lebensbedingungen am besten passt.

Ihr allerwichtigster Partner beim Kauf eines Rassehundes: der verantwortungsbewusste und kompetente Züchter

TIPP

Ab und an gibt es in einem Wurf Welpen, die schon von Geburt an nicht zur Zucht zugelassen werden, weil sie einen so genannten zuchtausschließenden Fehler haben. Das kann eine »falsche« Fellfarbe, ein Knick- oder Stehohr sein, das nicht vorgesehen ist, und andere »Schönheitsfehler«. So einen Welpen können Sie bedenkenlos nehmen, wenn Sie ohnehin nicht die Absicht haben, später mit ihm zu züchten. Manchmal gibt es auch Fehler wie bestimmte Gebissdeformationen, Knickruten und ähnliches. Die können, müssen aber nicht, Folgen für das Wohlbefinden des Hundes haben. Beraten Sie sich im Zweifel vorher mit einem Tierarzt. Sie bekommen meist vom Züchter auch einen entsprechenden Preisnachlass eingeräumt.

▶ Rüde oder Hündin?

Bei den meisten Hunden unterscheiden sich die Geschlechter sehr stark – für jeden erkennbar im Aussehen. Der Rüde ist deutlich größer und eindrucksvoller als die Hündin. Manche sagen auch, er sei stets der schönere Hund, aber das ist wie immer Geschmackssache. Der größte Unterschied zwischen Andra und Andrax besteht in ihrem Wesen. Die Läufigkeit, die oft als wichtigster Unterschied genannt wird, ist dagegen eine Bagatelle. Hündinnen werden zwischen dem 6. und 14. Lebensmonat das erste Mal läufig und dann immer wieder in einem persönlichen Zyklus, der bei den meisten 6 bis 8 Monate beträgt. Die meisten Hündinnen halten sich selbst

sehr sauber und oftmals wird die erste Läufigkeit von den Besitzern erst am Verhalten des männlichen Nachbarhundes entdeckt. Eine ungewollte Schwangerschaft muss es bei der heutigen Hundehaltung und beim derzeitigen Stand der Tiermedizin auch nicht geben. Unter der Läufigkeit leiden nur manchmal die Hundesportler, die während dieser Zeit auf die Teilnahme an Turnieren und Wettkämpfen verzichten müssen.

Der Rüde fordert Ihre Kompetenz und Konsequenz als Rudelchef, denn die meisten Rüden stellen sich gerne und entschieden jeder Herausforderung ihrer Männlichkeit. Je nach Rasse kann das sehr anstrengend sein.

Die Hündin neigt weniger zur Dominanz, wenigstens nicht zur offenen. Im Unterschied zum Rüden passt sie sich einfacher in den Sozialverband ein. Wenn sie nicht viel an Ihnen und Ihrer Familie auszusetzen hat, wird sie keine großen Anstalten machen, die Rangordnung zu verändern. Wozu auch? Hündinnen sind pragmatischer als Rüden. Hündinnen setzen ihr Köpfchen halt auf irgendwelchen Umwegen durch.

Rüde und Hündin, meist kann man sie schon an der Statur unterscheiden. Im Verhalten werden die Unterschiede allerdings noch augenfälliger.

lustlos, andere neigen zu ausgeprägten Symptomen von Scheinschwangerschaft. Rüden sind beständiger in ihrem Verhalten, allerdings sind sie ja das ganze Jahr »läufig«, weil bestimmt irgendwo eine Hundedame gerade »ihre Tage« hat.

Meist ein Dream-Team: ältere Menschen und Hunde haben einander viel zu geben.

▶ Die richtige Rasse

Jeder Hund hat eine eigene Persönlichkeit, jede Hundepersönlichkeit ist mit das Ergebnis seiner Prägung und seiner Erfahrungen. Aber nicht jeder Hund kann alles und ist für alles einsetzbar. Jeder Hund ist auch das, was seine Ahnen ihm mitgegeben haben, jeder Rassehund und jeder Mischling.

Wenn Sie den »Beruf« kennen, für den die Rasse ursprünglich gezüchtet wurde, haben Sie das wichtigste Kriterium, nach dem Sie sich entscheiden sollten. Prüfen Sie stets, welche Vorteile und welche Nachteile die speziellen Begabungen für Ihre Lebenssitua-

Für alle Fälle muss aber auch darauf hingewiesen werden, dass es ausnahmsweise auch einmal rüdenhafte Hündinnen und hündinnenhafte Rüden geben kann. Außerdem ist zum Beispiel eine Hovawart-Hündin immer dominanter als ein Golden-Retriever-Rüde. Neben dem Geschlecht spielt natürlich die Rasse oder der Rassecocktail bei Mischlingen eine wichtige Rolle dafür, wie einfach die Integration in die Familie gelingt.

Hündinnen sind auch wegen der hormonellen Prozesse im Zusammenhang mit der Läufigkeit Stimmungsschwankungen unterworfen. Viele Hündinnen sind zum Beispiel vor der Läufigkeit aggressiver als sonst, viele sind nach der Läufigkeit träge und

Einer der legendärsten Hundeberufe: Führer des blinden Menschen

tion haben. Größe, Farbe, Fellstruktur und Ohrenstellung sind zweitrangig.

OBJEKTSCHÜTZER ▶ Hunde wurden immer schon gerne eingesetzt, um Haus und Herden zu bewachen. Dazu mussten sie groß und beeindruckend sein, so stark, dass sie auch gegen größeres Raubwild und gegen menschliche Räuber bestehen konnten. Selbstbewusst mussten sie sein und selbstständig arbeiten, ohne Anweisung ihres Menschen, der ja meist gar nicht da war, wenn Not am Hund war. Klug mussten sie sein, denn nicht jede Katze, die am Hof vorbeischleicht, sollte verbellt, nicht jeder Bote gleich gebissen werden. Den Freundlichen sollte er ein Freund sein, der große Beschützer, den Feindlichen sollte er aber schnell und kompromisslos zeigen, dass sie besser verschwinden.

Ein solcher Hund ist gerne am Haus. Er passt ganz entschieden auf. Er ist Fremden gegenüber eher abweisend. Er hat ein großes Selbstbewusstsein und damit verbunden auch ein deutliches Dominanzstreben. Solche Hunde entscheiden gerne selbstständig. Perfekter Gehorsam ist bei ihnen nur schwer zu erreichen. Sie sind nicht immer freundlich zu Geschlechtsgenossen. Sie brauchen einen Menschen, der sie mit Konsequenz und ohne Gewalt erzieht und ihnen einen klaren Platz zuweist. Gelingt dies nicht, wird der Hund schnell, entschlossen und selbstbewusst zum Boss und zum Problem. Er will nicht ständig beschäftigt werden, aber er braucht eine Aufgabe. Herdenschutzhunde wie zum Beispiel die Owtcharki mit ihrem beachtlichen Dominanzstreben sind völlig ungeeignet für Anfänger.

Einige Rassen, die das Erbe der alten Hofhunde angetreten haben, sind Leonberger, Bernhardiner, Hovawart, die Schweizer Sennenhunde, Spitze, Rottweiler, Doggen, Mastiffs, Boxer, Neufundländer, Landseer, Schnauzer, Eurasier.

Rassen, die das Erbe der Herdenschutzhunde angetreten haben, sind z.B. Kuvacz, Owtcharki der verschiedenen Länder, Maremma-Abruzzenhund, Pyrenäenberghunde, Komondor, Sarplaniac.

JAGDHELFER ▶ Wild aufspüren, zutreiben, apportieren, nachsuchen und anzeigen ist einer der ältesten Hundeberufe. Es gibt unzählige Spezialisten unter den Jagdhunden. Von den Dachshunden, die so gebaut sind, dass sie in den Dachsbau passen, aber den Mut eines Löwen haben, wenn ihnen dort unten der »Feind« begegnet, bis hin zu den Pointern, denen das Vorstehen angeboren ist.

Alle Jagdhunde, mit Ausnahme derer, die selbstständig auf Beute geschickt werden wie Dackel oder Terrier, sind »führig«, das heißt leicht zu erziehen. Das mussten sie auch sein, denn nur so kann man Hunde, die auf Jagdpassion gezüchtet sind, bei der Jagd unter Kontrolle halten und zur Kooperation bringen. Weil bei Jagdgesellschaften manchmal Hunde verliehen werden und oft auch zusammen mit anderen Hunden gearbeitet wird, sind Jagdhunde in aller Regel nett zu anderen Hunden und mögen alle Menschen.

Jagdhunde sind deshalb meist gute Hunde für Anfänger. Fast alle Kleinhunde sind übrigens Jagdhunde oder aus Jagdhunden gezüchtet. Man kann sich mit ihnen problemlos unter Hun-

Die gemeinsame Jagdpassion hat aus Hund und Mensch einmal ein effektives Team geschweißt

den und Menschen bewegen. Aber, und das ist unerlässlich: Jagdhunde sind nur dann diese prima Partner, wenn man sie fordert, wenn man ihnen »Ersatzjagden« bietet, das heißt sehr viel spielt und arbeitet. Tut man das nicht, geht der Hund seiner Bestimmung nach und macht sich selbstständig auf die Jagd. Und auch in unserer dicht besiedelten Welt findet er jede Menge Objekte zum Jagen, da können Sie ganz sicher sein. Wenn Sie einen solchen wunderbaren Hund zu sich holen, müssen Sie das wissen, sonst werden Sie und Ihr Hund unglücklich.

Rassen, die das Erbe der Jagdhunde in sich tragen und als Familienhund geeignet sind, sind z.B. fast alle Kleinhunde sowie Terrier, Dackel, Beagles, Setter, Pudel, Spaniels, Retriever (Golden und Labrador).

SCHÄFERHUNDE ▶ Ohne Hunde hätten unsere Vorfahren nie wirklich Viehzucht treiben können. Mit Hunden konnten sie die Weidetiere zusammenhalten, verirrte Tiere finden und zurücktreiben und die Herde über Land bewegen. Hundliche Helfer der Hirten und Schäfer mussten mitden-

Ein Deutscher Schäferhund in seinem ursprünglichen Metier

ken, auf Wink und Zuruf perfekt gehorchen, durften sich durch kein Wild von ihrer Aufgabe abbringen lassen und die Weidetiere nicht jagen. Jede Region, jedes Land hat seine Hirten- und Schäferhunde: die Collies der Briten sind Legende, die zotteligen Hunde der Ungarn, der Superhund Deutscher Schäferhund und seine Verwandtschaft in Belgien und Holland.

Hirtenhunde sind absolute workaholics. Sie und ihr Mensch und ihr Job, dann sind sie im Element. Sie lernen leicht, sind schnell zu beeindrucken.

Es sind fast immer gute Familienhunde. Sie machen alle sehr gerne Hundesport. Sie arbeiten für ihr Leben gerne und sie mögen Familien. Sie sind sehr, sehr lauffreudig. Wenn Sie

ihm Arbeit, Bewegung und Führung bieten, haben Sie einen wunderbaren Hund.

Rassen, die das Erbe der Hirtenhunde tragen, sind z.B. Collie, Sheltie, Australian Shepherd, Deutscher Schäferhund, PON, Corgie, Pyrenäen-Schäferhund, Picard, Briard, Beauceron, Belgische und Holländische Schäferhunde.

SPEZIALISTEN ▶ Manche Hunde-rassen mögen nur »das eine«. Bestimmte Windhunde und Schlittenhunde zum Beispiel sind genetisch so auf eine Aufgabe »programmiert«, dass man sie wirklich nur dann halten sollte, wenn man ihnen ein rassegerechtes Leben bieten kann.

Schlittenhunde sind Spezialisten im Schnee. Wer sie zu uns nach Mitteleuropa holt, übernimmt eine große Verantwortung für artgerechte Haltung und Beschäftigung.

Der Hund zieht ein

Der Hund zieht ein

Was im folgenden Kapitel über das Eingewöhnen steht, gilt vorwiegend für Welpen. Sehr vieles können Sie aber natürlich auch für Ihren erwachsenen Schützling anwenden.

Beim ihm ist vor allem Ihre Aufmerksamkeit und Ihre Beobachtungsgabe gefragt. Was kann er, was versteht er, wie mache ich mich am besten verständlich, was macht ihm Angst, was macht ihn stark, wann ist er nett, wann muss man vorsichtig sein, wie kann ich ihn beeindrucken, welche Führung braucht er? Sie werden eine genauso intensive »Einarbeitungszeit« brauchen wie bei einem Welpen.

▶ Hundekauf ist Adoption

Wenn Sie sich mit dem Züchter, dem abgebenden Tierheim oder dem Vorbesitzer geeinigt haben, kann nach den mündlichen Vereinbarungen auch der schriftliche Vertrag folgen. Auch wenn Sie einen Hund von seinem Vorbesitzer übernehmen, sollten Sie eine schriftliche Vereinbarung treffen. Obwohl dies alles ein ganz normales Rechtsgeschäft ist, wie der Kauf einer Waschmaschine, ist das nur die rechtliche Seite des Vorgangs. Tatsächlich sollte der Hundekauf immer so etwas wie eine Adoption sein. Mit dem Kauf eines Rassehundes beginnt zwischen Züchter und Käufer eine Beziehung, die manchmal zu einer richtigen Dreiecksgeschichte wird, die ein Hundeleben und länger dauert. Fast alle Züchter bleiben an ihren Welpen interessiert und freuen sich über Berichte, Fotos und Besuche. Die meisten Züchter bleiben für ihre Welpenkäufer immer auch die wichtigsten Ansprechpartner und Ratgeber in Sachen Hund. Auch die Tierheime kümmern sich meist um die Sorgen der Menschen, die einen Hund übernommen haben.

Mit dem Begriff Kauf und Kaufvertrag ist die Übernahme eines Hundes nicht beschrieben. Schon die Begriffe kaufen, Käufer und Kaufvertrag sind meines Erachtens entwürdigend und treffen den Kern der Angelegenheit nicht. Sie kennen vielleicht die Geschichte vom »Kleinen Prinzen« von Antoine de Saint-

Exupéry. Dort steht ein Satz, den sich jeder Tierhalter an die Wand hängen sollte, denn man »kauft« sich keinen Hund, man »schafft« sich keine Katze an. Wenn man ein Tier aufnimmt, begründet man eine Beziehung. So wie es in dem zauberhaften Buch heißt: »Du bist zeitlebens für das verantwortlich, was du dir vertraut gemacht hast.«

Unterschreiben Sie Ihren Vertrag, aber seien Sie sich bewusst, dass Sie damit nicht eine Sache erwerben, sondern ein Lebewesen, dass Sie sich damit zu Ihrer Verantwortung bekennen, ein Hundeleben lang dafür zu sorgen, dass Ihr Freund möglichst hundegerecht leben kann, dass er seine rassespezifischen Anlagen entwickeln kann und dass er sich auf Sie unter allen Umständen verlassen kann, bis zuletzt!

Wenn Sie einen Kaufvertrag unterschreiben, unterstreichen Sie Ihre Pflicht, den Hund wichtig zu nehmen, seine Ansprüche an Sie zu akzeptieren, und Ihren Willen, ihm das beste aller Hundeleben zu ermöglichen.

Wenn Sie das nicht wollen, dann »kaufen« Sie bitte gar keinen Hund.

▶ Wichtige Papiere

Wenn Sie einen Rassehund kaufen, übergibt Ihnen der Züchter die Ahnentafel Ihres Hundes. Sie ist ein gültiger Abstammungsnachweis, eine Art Auszug aus dem Familienbuch der jeweiligen Hunderasse. Ihr Hund wird mit seiner Zuchtbuch-Nummer, die ihm einige Tage vor Abholung in die Ohren tätowiert wurde, als anerkanntes Mitglied in die große Familie der Rassehunde aufgenommen. Die Ahnentafel

▶ TIPP

Die Tätowierung oder neuerdings der tierschutzgerechtere Microchip ist nicht nur für Rassehunde wichtig. Auch für Mischlinge oder Hunde ohne Papiere empfiehlt sich eine solche Kenntlichmachung. Manche Staaten verlangen den Microchip als Einreisevoraussetzung. Aber auch bei Verlust Ihres Freundes ist es hilfreich, wenn Polizei oder Tierschutz den Hund identifizieren können. Es hilft ihm und Ihnen, einen für alle schlimmen Zeitabschnitt zu verkürzen.

Gleich und gleich gesellt sich gern: Wenn Sie das so möchten, wird Ihr Hund jedes Ihrer Haustiere hüten – aber ob er's liebt?

ist eine Art Personalausweis, eine Urkunde, die Sie sorgfältig aufbewahren sollten, auch wenn Sie mit Ihrem Hund keine großen Ambitionen in Sachen Ausstellung und Zucht haben.

Die Umgebung sichern

☐ Offene Treppen und Balkone durch Gitter oder Maschendraht sichern.

☐ Zäunen Sie Ihr Grundstück ein, falls Sie das noch nicht getan haben, eine hübsche Hecke reicht nicht!

☐ Grundstück, Gartenteich, Pool und alle Bereiche des Gartens, in die der Welpe nicht soll, einzäunen bzw. abdecken.

☐ Bodennahe Steckdosen mit Kindersicherungen versehen, elektrische Kabel welpensicher anbringen (z.B. hochlegen).

☐ Keine wertvollen Bücher oder Dokumente in den unteren Regalfächern des Bücherschrankes lassen (vorerst wenigstens!).

☐ Kleinteile, die für den Welpen erreichbar sind und von ihm verschluckt werden können, wegpacken.

☐ Türen evtl. so sichern, dass Welpen sich nicht einklemmen können.

☐ Reinigungsmittel, Medikamente u.ä. für Welpen unerreichbar machen.

☐ Keine giftigen oder ätzenden Putzmittel oder Handwerksmittel verwenden.

☐ Haus- und Gartenpflanzen auf Giftigkeit prüfen und entspr. Vorkehrungen treffen.

▶ Steuer und Versicherung

Ganz unerlässlich ist, dass Sie vor Ankunft des Welpen über eine gültige Hundehaftpflichtversicherung verfügen. Sie können mit dem Abschluss nicht warten, bis Ihr Welpe groß genug ist und (hoffentlich nie) einen anderen Hund oder einen Menschen beißt. Einen Haftpflichtfall kann auch Ihr kleiner Spatz ganz schnell verursachen, wenn jemand über ihn stürzt, wenn er in der Pizzeria auf den Orientteppich pinkelt oder die italienischen Maßschuhe Ihres Gastes schnell mal verkostet. Also sparen Sie hier nicht am falschen Fleck.

Etwas warten können Sie mit der Anmeldung Ihres Welpen bei Ihrer Gemeinde. Die meisten Steuerämter lassen dem Welpen noch ein paar Wochen Schonfrist, bis sie dann kassieren.

▶ Die welpensichere Wohnung

Bevor Ihr kleiner Prinz zu Ihnen zieht, sollten Sie zwei Aufgaben erledigt haben. Einmal sollten Ihr Haus und gegebenenfalls Ihr Garten welpensicher sein und zum anderen sollten Sie all die Dinge besorgt haben, die der Kleine jetzt braucht.

Haus und Garten müssen sorgfältig auf Gefahrenquellen für den Welpen abgesucht werden, und diese Gefahrenquellen müssen Sie entweder beseitigen oder absichern.

Denken Sie bitte daran, dass Ihr Welpe fast alles schlucken könnte, was in seinen neugierigen Fang passt! Ist einmal ein Missgeschick passiert und ein Fremdkörper verschluckt, lassen Sie sich gleich von Ihrem Tierarzt beraten. Es empfiehlt sich, immer ein Döschen Sauerkraut im Haus zu haben. Wenn

Ihr Hund nach dem Lego-Baustein nämlich noch eine Portion Sauerkraut schluckt, sind seine Chancen, unbeschadet aus dieser Sache herauszukommen, deutlich besser. Das Sauerkraut wickelt sich nämlich um den Fremdkörper und hilft so, ihn schadlos wieder auszuscheiden.

Sie sollten natürlich auch Dinge sichern oder vorübergehend wegräumen, für die der Welpe eine Gefahrenquelle ist, zum Beispiel den wertvollen Teppich.

▶ **Die Grundausstattung**

Es macht Ihnen sicher auch Spaß, die Grundausstattung für Ihren Welpen zu besorgen. Ein kleines Leder**halsband** in der Größe, die Ihnen der Züchter sagt, genügt für den Anfang. Sie können auch ein praktisches verstellbares Nylonhalsband kaufen, das einige Wochen mit Ihrem Welpen mitwächst. Kaufen Sie keinesfalls ein Leder- oder Kunststoffhalsband mit so genanntem »Zug«. Das ist Tierquälerei und Sie brauchen solche Hilfsmittel der Gedankenlosen und Unfähigen nicht!

Ob Sie eine Leder- oder eine Nylon**leine** kaufen, ist reine Geschmackssache. Sie sollte für Ihren kleinen Hund etwa einen Meter lang sein. Ganz nützlich ist es natürlich auch noch, eine zweite Führleine zu kaufen, die Sie mit verschiedenen Ringen auf Längen zwischen ein Meter und zwei Meter verlängern können. Achten Sie darauf, dass die Leinen stabile Karabiner haben. Wer mag, kann sich auch ein Brustgeschirr für seinen Welpen kaufen. Das ist ganz nützlich, wenn er viel an der Leine gehen muss (Stadt, Leinenzwang). Mit Geschirr können Sie ihn »ziehen« lassen, am Halsband sollten Sie es nie erlauben. Außerdem können Sie Ihren kleinen Tunichtgut mit dem Brustgeschirr auch ziemlich sicher im Auto auf der Rückbank fixieren, wenn Sie allein mit ihm reisen.

Sie sollten natürlich unbedingt auch **Futter** bereithalten und einen **Futter**- und **Wassernapf** schon haben. Anfangs füttern Sie am besten dasselbe Futter wie der Züchter, um die Umstellung nicht zu erschweren. Gerade bei schnell wachsenden Rassen sind

Ein Welpe braucht Sie, aber er braucht auch einiges Zubehör für Fressen, Schlaf und Spiel.

Spielen immer ohne!

Lassen Sie Ihren Welpen möglichst nicht mit anderen Welpen spielen, wenn alle ein Halsband tragen: Das Halsband immer beim Spielen abnehmen! Welpen verbeißen sich gerne in ihren Spielgefährten, ziehen und zerren an deren Fell. Wenn sie dabei mit ihren Zähnchen am »gegnerischen« Halsband oder gar einer Kette hängen bleiben, kann das übel ausgehen.

Futterständer, die höhenverstellbare Näpfe haben, recht empfehlenswert für die Entwicklung des jungen Hundes. Ihr Hund kann so immer entspannt und recht komfortabel speisen.

Kamm und **Bürste** brauchen Sie ebenso. Bei Hunderassen, die mehr Pflegeutensilien benötigen, weist Sie der Züchter oder der Verein sicher gründlich ein. Vorbereiten sollten Sie auch einige Ihrer nicht mehr benötigten Frotteehandtücher und Lappen zum Trockenrubbeln. Alte Lappen eignen sich darüber hinaus herrlich für alle möglichen Spiele.

Eine **Zeckenzange** sollten Sie auch für alle Fälle bereithalten.

Des weiteren brauchen Sie eine **Hundepfeife** aus Horn oder Kunststoff, falls Sie damit arbeiten wollen.

Ganz wichtig für Ihren Welpen ist sein **Schlafplatz** in Form eines Korbes oder einer Kiste. Dieses Bett wird mit waschbaren Decken ausgepolstert. Viele Hunde schätzen auch Kissen. Einige, die ich kenne, darunter meine Nessy, benützen alte Sofakissen auch ganz korrekt, um ihre müden Häupter darauf zu lagern. Ihr Hund wird Ihnen bald schon zeigen, wie er es gerne gemütlich hat. Besorgen Sie – wenn er auf das Sofa darf – auch gleich die Hunde-Sofadecke. Gewöhnen Sie ihn von Anfang an daran, dass er nur dort auf das Sofa darf, wo diese spezielle Decke liegt. So können Sie Ihrem Hund einen Sofaplatz einräumen, ohne dass Ihr Sofa und das Sofa in der Ferienwohnung verschmutzt werden. Im Zoofachhandel gibt es praktische Decken in unterschiedlicher Größe und Farbe, die gut waschbar und preiswert sind.

Wenn Sie eine große Wohnung haben, können Sie Ihrem Welpen verschiedene Eckchen oder Plätzchen als Rückzugsmöglichkeiten anbieten. Sein nächtlicher Schlafplatz sollte aber stets in Ihrem Schlafzimmer sein.

> ### TIPP
> *Auch wenn Sie das vielleicht albern finden, ein Plüschtier, etwa in der Größe Ihres Welpen oder größer, wird ihm eine ganz große Freude bereiten. Er wird an seinen »Teddy« geschmiegt schlafen, er wird ihn packen und schütteln, wird mit ihm spielen. Das Plüschtier kann auch beim Welpen eine Art Geschwisterfunktion übernehmen. Wie lange allerdings ein solcher Spielgefährte die Liebesbezeugungen eines kleinen Hundes überlebt, ist recht unterschiedlich. Unsere Nessy hat schon einen beachtlichen Friedhof der Kuscheltiere hinterlassen, und in ihrer Spielzeugkiste lagern greulich amputierte Giraffen, Hasen und geköpfte Hunde aus Plüsch.*

Spielsachen können gar nicht genug da sein. Sie regen die Fantasie Ihres Welpen an, fordern seine Geschicklichkeit heraus und helfen seine Intelligenz zu entwickeln. Sie müssen bei Bällen und Ringen, bei Hanteln und Reifen aber immer schauen, dass sie Ihrem Welpen

> ### TIPP
> *Spielzeug darf nie so klein sein, dass Ihr Welpe es schlucken könnte: er wird es nämlich schlucken, wenn er kann! Das gilt übrigens auch für die Plastiknase und die Plastikaugen seines Plüschtiers. Diese müssen Sie gegebenenfalls entfernen.*

nicht gefährlich werden. Die Milch-
zähne Ihres Welpen sind ausgesprochen kräftig. Schnell ist ein Stück
Plastik abgebissen und verschluckt.

▶ **Die Autofahrt nach Hause**
Die meisten Welpen machen keinerlei
Probleme auf der Fahrt in ihr neues
Zuhause. Aber es ist besser, Sie sorgen
vor. Eine Rolle Küchenkrepp und eine
Plastiktüte sollte man schon dabeihaben, falls dem Welpen doch aus irgendwelchen Gründen schlecht wird. Halsband und Leine sollten Sie auch ein-
packen, ebenso eine Flasche Wasser
und einen Napf. Ihr Züchter wird den
Welpen nicht gerade gefüttert haben,
wenn Sie ihn abholen. Und damit sind
eigentlich die wichtigsten Vorbereitun-
gen getroffen.

Wenn es eine sehr lange Autofahrt
ist, dann planen Sie bitte schon vorher,
wo Sie Rast machen können.

Man sagt auch, dass Welpen sich
ganz besonders eng demjenigen an-
schließen, auf dessen Schoß sie vom
Welpenrudel fortgeholt wurden. Vielleicht ist das eine der vielen Hunde-
legenden. Sie sollten es sich jedenfalls
nicht nehmen lassen, diese erste gemeinsame Fahrt mit Ihrem Hundchen
zusammen auf dem Rücksitz zu genießen. Vergessen Sie all die albernen
Ratschläge in veralteten Hundebüchern, nach denen der Welpe im Fuß-
raum des Beifahrers befördert werden
soll, und ähnlichen Unsinn. Packen Sie
Ihren Welpen auch nicht in den Laderaum Ihres Kombis, wenn Sie nicht
wollen, dass er lernt, das Autofahren zu
verabscheuen. Ihr Hund ist Ihr Freund
an Ihrer Seite, das soll er von Anfang
an merken.

Die meisten Züchter haben Ihren

Autofahren: für fast
alle Hunde ein
großes Vergnügen

Welpen schon mal Autoerfahrungen
ermöglicht, und ganz sicher werden die
meisten Heimfahrten so ablaufen, wie
bei uns zuletzt mit unserer Nessy: Die
zwei Stunden Heimreise verbrachte
Nessy zur Hälfte mit Schlafen auf
meinen Schoß gekuschelt, ansonsten
mit intensivem Untersuchen, Beknab-
bern und Schütteln einer kleinen Stoff-
hantel. Heimfahren – kein Problem für
gut geprägte Hunde.

▶ **Ab jetzt ändert sich Ihr Leben**
Was immer Sie sich vielleicht vorgestellt haben über Ihr gemeinsames
Leben mit Ihrem neuen Freund – vergessen Sie es! Ihr Hundchen wird
ziemlich schnell und gründlich Ihr
Leben verändern. Ein Welpe kostet
Nerven, beansprucht Ihre Aufmerksamkeit, fordert Ihre Fantasie, Ihre
Führungsqualitäten und natürlich auch
Ihre Lachmuskeln. Auf jeden Fall haben Sie einige ausgesprochen anstrengende Wochen vor sich. Richten Sie
sich darauf ein und seien Sie vorbereitet, denn die ersten acht Wochen bei
Ihnen legen in mehrerlei Hinsicht den
Grundstein für ein harmonisches
gemeinsames Leben.

▶ Gut geprägt ist halb gewonnen

Die Verhaltensforscher sprechen bei der 4. bis zur 16. Lebenswoche von der Prägephase. Das ist ein bildhafter Ausdruck dafür, dass alles, was der kleine Hund bis dahin erlebt, ihn prägt, wie ein Stempel einer Münze ihr Aussehen gibt. Natürlich lernt Ihr Hund sein ganzes Leben lang – täte er das nicht, könnte er kaum überleben. Gerade in unserer modernen Welt nicht. Aber dieses Lernen erfolgt nie mehr in seinem Leben so leicht, so schnell und so nachhaltig wie eben jetzt. Nie mehr kann er so viel lernen und nie mehr wird er es bereitwilliger tun.

Diese Prägephase kann von uns erwünschtes Verhalten begründen, sie kann aber auch weitreichende negative Konsequenzen haben. Da ein großer Teil dieser Prägephase beim Züchter abläuft, bestimmt er wesentlich darüber mit, was später für ein Hund aus dem Hundchen wird. Dort hat Klein-Arko schon viele verschiedene Menschen gesehen/gerochen, dort ist er Auto gefahren, dort hat er Radio, Fernseher, das Telefon und das Faxquietschen kennen gelernt. Er weiß, dass der Staubsauger kein Ungeheuer ist, sondern nur eines der vielen unerklärlichen Geräte, mit denen Menschen unverständliche Dinge tun, um die man sich als weltgewandter Hund aber nicht weiter zu scheren braucht. Knallen und Rasseln, Klappern und Getöse – gute Züchter stellen das absichtlich her: sie lassen Topfdeckel fallen, stopfen leere Konservendosen in Säcke und ziehen diese Rasseldinger durch die Gegend. Sie tun eine Menge, damit ihre Welpen auf unsere laute, manchmal für sie erschreckende Umwelt vorbereitet sind. Solche Welpen sind ein Leben lang von Lärm und anderem »Menschenkram« schwer zu beeindrucken.

Klein-Bello, der ausschließlich in einem Zwinger aufgewachsen ist, wird

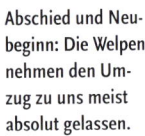

Abschied und Neubeginn: Die Welpen nehmen den Umzug zu uns meist absolut gelassen.

ebenfalls geprägt. Aber leider schlecht, denn er erlebt wenig oder gar nichts, er hat keine Chance etwas zu lernen, Erfahrungen zu machen und Selbstbewusstsein zu entwickeln. Umweltsicher, menschenbezogen und voll Selbstvertrauen wird ein solcher Welpe nicht sein, wenn Sie ihn holen. Sie haben dann die doppelte Arbeit: Sie müssen einen »Verlernprozess« und einen Lernprozess bei Ihrem neuen Freund einleiten. Aber Sie kaufen ja gar keinen Welpen aus einer solchen Zucht, nicht wahr!

Was der gute Züchter begonnen hat, müssen Sie fortsetzen. Sie haben nur noch wenig Zeit – acht Wochen, die Sie unbedingt nutzen sollten.

Prägungs-Fahrplan

Machen Sie – vor Ankunft des Welpen – eine Art Lehrplan für sich und Ihren neuen Freund. Überlegen Sie: Was soll er können? Was soll er kennen (lernen)? Welche Erfahrungen soll er machen?
Im Kapitel »Erziehung leicht gemacht« (Seite 77) mache ich Ihnen einen Vorschlag, wie so ein gemeinsamer Lernprozess aussehen könnte. Hier wollen wir zunächst einmal nur darüber sprechen, wie man den kleinen Hund stilgemäß in seinem neuen Heim empfängt.

▶ Richtig eingewöhnen

Stellen Sie sich vor, was dem kleinen Kerl da zugemutet wird: er wird zu einem Zeitpunkt aus dem Rudelverband gerissen, der in der Natur unweigerlich seinen Tod bedeuten würde. Wir nehmen ihn weg von Geschwistern und Mutter, von seinen Artgenossen, die bisher seine Welt bestimmt haben, mit denen zusammen er gespielt, gelernt, gefressen und geschlafen hat, bei denen und mit denen er sich sicher gefühlt hat.

Wir gehen davon aus, dass in der Zeit nach der Abgabe nach der achten Lebenswoche der Welpe ganz besonders gut in seine neue Familie einzuordnen ist. Wir beschneiden ihm damit aber eine wich-tige Entwicklung, nämlich das Erlernen einer erfolgreichen Auseinandersetzung mit seinen Geschwistern. Die Verhaltensforscher nennen das Rudelordnungsphase. Als kleinen, aber unerlässlichen Geschwisterersatz sollten wir unserem Welpen deshalb Spielmöglichkeiten mit anderen Welpen bieten.

Es ist immer wieder beeindruckend, wie gelassen Welpen die Übernahme in Ihre neue Familie wegstecken, mit wie viel Vertrauen sie sich in unsere Hände geben. Es ist nur recht und billig, dass Sie sich bemühen, dieses Vertrauen zu rechtfertigen.

Also zeigen Sie dem Welpen, dass er einen guten Tausch gemacht hat. Dazu gehört, dass Sie ihm von Anfang an Sicherheit geben: machen Sie ihm die Spielregeln des Zusammenlebens mit Ihnen klar und halten Sie sich dann bitte auch selbst daran.

Ihr kleiner Hund wird in der Regel mit acht Wochen an Sie abgegeben. Also mittendrin in seiner Prägephase. Er will jetzt lernen, er will sich einfügen in sein neues Leben, er will es Ihnen, seinem neuen Boss, recht machen. Verständigen Sie sich also bitte unbedingt vor Ankunft des Welpen in der Familie darüber, was der Kleine darf und was er nicht darf.

▶ Regeln einhalten

Es ist absolute Geschmacksache, ob Ihr Hund zu Ihnen auf das Sofa oder ins Bett darf oder ob er auf der Eckbank das gemeinsame Essen der Familie mitverfolgt. Von unseren gepflegten Hunden gehen kaum Gesundheitsgefahren aus. Sie verlieren nur jede Menge Haare. Wie immer Sie es haben wollen – entscheiden Sie sich. Und dann gilt das auch.

Falls Sie es Ihrem Hund erlauben möchten, auf Sessel und Sofa Platz zu nehmen, sprechen nur zwei praktische Gründe dagegen. Erstens haben Sie später neben dem ausgewachsenen Bernhardiner möglicherweise keinen Platz mehr auf der Couch und zweitens wird Ihr Hund auch bei Erbtante Emma auf das Sofa steigen, wenn Sie dort zu Besuch sind; auch die Sessel und Sofas in Hotels und Ferienwohnungen müssen dann »geschützt« werden. Am besten ist es, wenn Sie Ihrem Welpen beibringen, dass er nur auf die Sofaecke darf, wo seine spezielle Decke liegt.

Ihr Welpe wird auf das Sofa drängen, weil das ein erhöhter Platz ist. Und er wird zu Ihnen ins Bett krabbeln, weil das ein ebenso wichtiger Platz ist: der Schlafplatz des Rudelführers! Wären Sie ein Hund, würde der Kleine beim ersten Versuch in hohem Bogen aus dem Bett fliegen wegen dieser Unbotmäßigkeit – aber wir sind ja keine Hunde. Falls Sie es also dulden möchten, dass Ihr Welpe bei Ihnen im Bett schläft, tun Sie es, Sie befinden sich in Gesellschaft der überwiegenden Mehrheit aller Hundehalter, wie kürzlich eine Zeitschrift behauptete. Aber achten Sie bei Ihrem Hund unbedingt und unter allen Umständen darauf, dass er stets nach Ihnen unter die Federn schlüpft. Warum? Hunde achten stark auf die Rangordnung. Ehe Sie sich versehen, geht Ihr dann halbstarker Rüde davon aus, dass das Bett jetzt sein Platz ist und lässt Sie nicht

Spielen, spielen, lernen, fressen, schlafen, spielen. Spielend verändert der Welpe Sie und Ihr Leben.

mehr rein. Dann haben Sie zum Beispiel bei einem Hovawart ein ungefähr 40-kg-Durchsetzungsproblem. Also nutzen Sie hier und in vielen anderen Fällen, die ich Ihnen noch zeige, gleich die Möglichkeit, Ihren Rang zu demonstrieren. Ins Bett darf er nur nach Ihnen oder gar nicht!

Sofa und Bett, Küche und Bad, was ist in Haus und Garten tabu, mit was darf er spielen, welche Hörzeichen wollen Sie verwenden? All das sprechen Sie bitte in der Familie ab und halten es dann auch durch. Sie machen es sich und dem Welpen einfacher, ein problemloses gemeinsames Leben aufzubauen.

Zeigen Sie dem kleinen Hund, dass er in sein neues Rudel aufgenommen ist, und schließen Sie ihn nicht aus. Zeigen Sie ihm seinen Platz in der familiären Rangfolge. Es gibt für Ihren Lehrling auf vier Pfoten nur schwarzweiß, ein »ja – aber« oder »vielleicht« deutet er immer in seinem Interesse. Machen Sie es also ihm und sich nicht schwerer, als es sein muss.

▶ Ein Name für den Hund

Spätestens wenn Sie Ihren Welpen holen, muss er einen Rufnamen bekommen. Einen Geburtsnamen hat er natürlich schon. Die Züchter geben sich große Mühe bei der Namenswahl. Die meisten Namen sind auch wirklich nett. Wir hatten uns bei unserem neuen Welpen vorher auch alle möglichen Namen überlegt. Dann hat uns aber das »Nessy« des Züchters gut gefallen. Und zu unserer temperamentvollen, klugen und stets zu neuen Streichen aufgelegten Hündin passt der Name obendrein ganz ausgezeichnet.

Wenn Sie schon vor dem Wurftermin Kontakt mit dem Züchter haben, dürfen Sie sich den Namen vielleicht sogar selbst aussuchen, sofern Sie sich an den festgelegten Anfangsbuchstaben halten.

Aber falls Ihnen Quasimodo oder Xanthippe als Rufnamen zu kompliziert sind oder falls Sie schon immer einen Hund wollten, der Hasso heißt – Ihrem kleinen Hund ist das ganz egal.

> **TIPP**
> *Ein zweisilbiger Name ist ideal, weil Sie ihn einfach besser rufen können. Ihr Welpe wird nach ein, zwei Tagen wissen, dass er gemeint ist. Benutzen Sie den Namen nur im schmeichelnden, anerkennenden Ton, niemals drohend. Ihr Welpe soll seinen Namen immer mit etwas Angenehmem verbinden.*

▶ Die erste Nacht

Auch wenn es in irgendwelchen Hundebüchern anders empfohlen wird: der Welpe gehört zu Ihnen ins Schlafzimmer. Warum? Ganz einfach: Sie haben Mutterstelle an dem Welpen übernommen, als Sie ihn vom Züchter holten. Jeder normal veranlagte Welpe wird die Nähe des Alttieres suchen, vor allem und gerade in der Nacht. In der freien Natur streifen dann viele Beutegreifer auf der Suche nach einem schnellen Abendessen durch die Gegend. Ein Welpe nachts allein ist draußen mit Sicherheit ein toter Welpe. Ihr kleiner Hund wird in Ihrer Küche, im Flur oder wo immer mittelalterliche Hundehaltung den Hund hin verbannte, wahrscheinlich nicht von einem Luchs geschlagen. Aber woher soll Ihr Welpe das wissen? Sein Instinktwissen sagt ihm, dass er unbedingt und unter allen Umständen bei Ihnen bleiben muss. Wenn Sie ihn gerade nachts isolieren, begehen Sie einen ganz massiven Vertrauensbruch an dem hoch sozial veranlagten Rudeltier Hund.

Natürlich gibt es Welpen, die auch in der Küche, im Flur oder im Zwinger »groß« geworden sind. Aber Sie wollen ja das Beste für Ihren Hund. Sie wollen ja einen Hund, der eine innige, feste und unverbrüchliche Bindung an Sie entwickelt. Sie wollen einen Hund, der im Urvertrauen auf Ihren Schutz und auf Ihre Führungsqualitäten baut und ein wunderbarer Begleiter, selbst in den schwierigsten Situationen, wird. Also, dann tun Sie etwas dafür, zeigen Sie ihm, dass er der Hund an Ihrer Seite ist: immer, nicht nur zu bestimmten Zeiten am Tag. Wenn Sie das nicht wollen, dann lassen Sie lieber die Finger von einem Hund, er wäre zu schade für jede andere Auffassung von Partnerschaft.

Wenn Sie finden, dass Ihr Hund im Schlafzimmer nichts zu suchen hat, können Sie ihm das beibringen, aber erst dann, wenn Ihr neuer Freund es halbwegs verkraftet, also frühestens ab dem siebten Lebensmonat.

Sie schieben dann sein Hundebett einfach immer näher zur Schlafzimmertür und nach ein, zwei Wochen stellen Sie es einfach vor die Tür. Bis dahin ist Ihr Junghund so selbstbewusst und so sicher, dass er das ohne Probleme verkraften wird. Vielleicht wollen Sie bis dahin aber diese Ver-

schiebeaktion gar nicht mehr. Vorher jedenfalls gehört Ihr Welpe zu Ihnen, möglichst nah an Ihr Bett.

▶   **Stubenreinheit**

Viele Hundeanfänger sehen das größte Problem darin, einen Hund stubenrein zu machen. Ein großes Problem ist es aber nicht. Diese Aufgabe wird jedenfalls so schnell und so perfekt bewältigt, wie Sie selbst sich dabei engagieren und wie konsequent Sie dabei sind.

Das Sauberhalten des »Baus« ist ein Instinktverhalten. Jeder Wildhundwelpe wird seine Geschäfte nicht im »Schlafzimmer« machen, sobald er selbstständig gehen kann. Mutter Natur kennt schließlich die hygienischen Gefahren besser als jeder Arzt und sorgt über das Instinktwissen dafür, dass Jungtiere entsprechend handeln.

Jeder gute Züchter bietet seinen Welpen die Möglichkeit, ihr Geschäftchen in deutlicher Entfernung von der Wurfkiste zu erledigen. Wenn die Welpen schon gut zu Pfote sind, wird der Züchter sie nach dem Füttern und nach dem Schlafen in den Garten führen und sie loben, wenn sie sich lösen. »Lösen« nennen die Hundeleute übrigens das Absetzen von Urin und Kot.

Wenn Sie das einfach genauso machen, ist in drei, vier Wochen die ganze Aufregung vergessen. Also: nach dem Schlafen, Spielen, Fressen »muss« Ihr kleiner Freund. Am besten tragen Sie ihn raus, dann kann er unterwegs zum Löseplatz keinen »Fehler« machen. Wenn Sie ihm danach stets die Möglichkeit geben, sich zu lösen, und jedes Mal seine Tätigkeit mit zustimmenden Lauten begleiten und dabei auch noch das »Losungswort« sagen, kann eigentlich nichts mehr schief gehen.

▶   **TIPP**

Auch für die Sauberkeitserziehung ist es praktisch, wenn der Welpe nachts bei Ihnen ist: Sie merken gleich, wenn er unruhig wird.

Jeder Welpe »meldet« sich anders, wenn er raus muss. Manche winseln und rennen zur Tür, das verstehen Menschen am einfachsten. Andere schauen einen nur unverwandt an, wieder andere bekommen Schluckauf oder kratzen an Ihrem Schienbein. Sie beobachten Ihren kleinen Liebling ja ohnehin ständig ganz verliebt und werden seine spezielle Art, sich zu melden, bald verstehen.

Welpen müssen oft nach draußen, sie vespern viel und Ihre Verdauungseinrichtungen sind verhältnismäßig klein. Deshalb müssen sie in der ersten Zeit auch manchmal nachts raus. Das ist kaum ein Problem, da Sie Ihren Welpen ja neben Ihrem Bett haben. Sie merken seine Unruhe sicherlich gleich und können ihn schnell auf den Arm nehmen und rausbringen. Die meisten Welpenbesitzer haben ohnehin anfangs einen so genannten »Ammenschlaf«, d.h., sie wachen sofort auf, wenn ihr kleiner Schützling sich rührt. Wenn Sie achtsam mit Ihrem Welpen umgehen, dauert es nur begrenzte Zeit, bis er stubenrein ist.

Auch für das Lösen sollten Sie sich ein Hörzeichen überlegen. Manche nennen es diskret verschlüsselt »Bahnhof«, andere drücken sich eher allgemein aus: »Mach' schnell!«, wieder andere bevorzugen dialektgefärbte Anweisungen wie das schweizerische »Mach's Brünni!«, das schwäbische »Mach' dei' Stinkerle« oder ... aber da fällt Ihnen bestimmt auch eine nette Aufforderung ein. Mit welchem Wort auch immer Sie diese Tätigkeit verknüpfen, es muss für den Welpen eine absolut angenehme Erfahrung sein. Löst er sich am erwünschten Platz, wird er begeistert gelobt, tut er es anderswo, wird es von Ihnen ignoriert.

Schimpfen Sie bloß nicht, wenn trotz Ihrer Aufmerksamkeit eben doch einmal ein Missgeschick passiert. Ihr Welpe nimmt sonst an, Sie schimpfen, weil er sich gelöst hat. Er wird nicht verstehen, dass Sie nur den Platz kritisieren, an dem dies stattfindet. Also keine großen Worte machen, wenn es »indoor« geschieht. Nehmen Sie einen Eimer Wasser, geben Sie etwas Essigessenz hinein, damit der Geruch entfernt wird, sonst wird Ihr Welpe animiert, wieder an diesem Platz zu pinkeln. Tun Sie den Welpen weg, damit er nicht sieht, dass Sie sich an seiner Hinterlassenschaft zu schaffen machen, und beseitigen Sie den Ausrutscher.

▶ Umgang mit Hunden

Viel mehr Gedanken als über die Stubenreinheit sollten Sie sich darüber machen, wo Sie einen guten Welpentreff in Ihrer Nähe haben. Sie haben Ihren kleinen Welpen ja zu einem Zeitpunkt von seinen Geschwistern getrennt, in dem er gerade angefangen hat zu lernen, wie man sich unter Hunden verständigt, wie man Probleme klärt, wie man sich wehrt und wann man nachgeben muss.

Hunde müssen nämlich die »Hundesprache« in großen Teilen ebenso erlernen, wie unsere Babys unsere Sprache. Ein Welpe, dem man den Kontakt zu anderen Hunden abschneidet, wird ein verhaltensgestörter Hund, ganz einfach deshalb, weil er die anderen nicht versteht und weil er sich den anderen nicht verständlich machen kann. Außerdem kann er dann seine Kräfte nicht einschätzen und überschätzt sich.

Wird die Verträglichkeit mit Artgenossen von Welpenbeinen an gelernt, sichert sie ein artgerechtes Leben mit anderen Hunden.

Ein artgerechtes Sozialverhalten muss gelernt werden. Sie sind geradezu verpflichtet, ihm dieses Lernen zu ermöglichen. Schlecht sozialisierte Welpen können zu aggressiven, raufenden Hunden werden. Sie nehmen sich und Ihrem Hund ein großes Stück Lebensfreude, wenn er dann keinen Kontakt mehr zu anderen Hunden haben kann. Und Sie werden nie einen entspannten Spaziergang machen, aus Sorge, ob nicht hinter dem nächsten Strauch ein anderer Hund auftaucht.

Suchen Sie also einen Welpentreff, bevor Ihr Welpe bei Ihnen ist. Ihr Hund sollte es Ihnen wert sein, auch eine Zeit lang längere Anfahrtswege für das Welpenspiel in Kauf zu nehmen. Sehr gute Prägungsspieltage nach dem Lernspielkonzept von Ute Narewski gibt es inzwischen an vielen Orten, Rassehundevereine machen Angebote und schließlich gibt es auch bei einigen Hundevereinen gute Welpen-Spielstunden. Schauen Sie sich die Alternativen vorher an, damit Sie wissen, wo-

hin Sie gehen können, wenn Ihr Hund da ist. Wenn er da ist, braucht er jedenfalls bald Welpenkontakt, damit aus dem kleinen netten Welpen ein großer netter Hund wird.

Sie sollten Ihrem Welpen natürlich auch den Kontakt mit gut veranlagten erwachsenen Hunden ermöglichen. Suchen Sie sich aber auch diese sorgfältig aus. Falls Ihnen irgendjemand etwas vom so genannten »Welpenschutz« erzählt, vergessen Sie es gleich wieder. Wirklich geschützt sind die Welpen nur im eigenen Rudel, und das hat Ihr Kleiner ja gerade verlassen. Die meisten Rüden sind Welpen gegenüber

TIPP

Auch wenn die meisten Hunde nett zu Welpen sind, verständigen Sie sich immer zuerst mit den anderen Hundebesitzern und nehmen Sie Ihren Welpen lieber einmal zu früh aus dem Getümmel. Nicht immer stimmt der beruhigend vorgetragene Satz: »Meiner tut nix!«

nachsichtig und tolerant. Hündinnen sind das nicht immer, vor allem nicht in ihrem eigenen Revier oder wenn sie gerade läufig sind oder waren.

Auch wenn man immer wieder hört »Hund ist Hund« stimmt das nicht. Wir haben an anderer Stelle schon darüber gesprochen: Es gibt ein rassetypisches Spielverhalten, darauf sollten Sie achten, und Minis und Maxis sollten auch nur sorgfältig kontrollierten Kontakt haben. Schnell hat auch der netteste Riese mal unabsichtlich den Zwerg verletzt.

Dass Hunde so unterschiedlich in Größe und Verhalten sind, daran sind wir Menschen schuld. Wir Menschen sind es auch, die dann mit entsprechender Vorsicht den artgerechten Kontakt ermöglichen sollen.

Auch wenn Sie nette erwachsene Hunde kennen, achten Sie immer darauf, dass Ihr Welpe nicht zu grob bespielt wird. Das schadet zwar meistens seiner Seele kein bisschen, aber seinen Gelenken und Bändern vielleicht. Außerdem erlernt er dadurch das grobe Spiel und kann nachher Probleme beim Spielen mit zarteren Naturen haben. Allzu derbe Spiele würde ich also erwachsenen schwereren Hunden mit meinem Welpen nicht erlauben. Die wenigsten erwachsenen Hunde haben ja regelmäßig Welpen um sich. Die wenigsten werden also »wissen«, wie man mit den Kleinen umgeht. Sie sehen es dann schon selbst: es gibt grobe Rüpel und sanfte Onkels bzw. Tanten. Sie sehen selbst am Verhalten Ihres Welpen, wann eine Bekanntschaft besser wieder abgebrochen wird. Trotzdem gilt: lieber einmal einen derben Knuff vom alten Arko als gar keinen Hundekontakt.

Zur artgerechten Hundehaltung gehört, dass wir das, was wir unseren Hunden nehmen, wenn wir sie zu uns ins Haus holen, durch die Gelegenheit zum Hundespiel ein Stück weit zurückgeben.

▶ **Exkursionen in die Umwelt**

Die Welt, in der wir und unsere Hunde uns bewegen, wird immer enger, reglementierter und schwieriger für Hunde (und Menschen). Verbote, Bebauung, Verkehr, die Möglichkeit und der Zwang zum Mobilsein, die immer weniger werdenden freien Räume, die von immer mehr Menschen für ihre Freizeitbeschäftigung genutzt werden, all dies fordert von unseren Hunden wahre Mammutleistungen an Anpassung.

Nutzen Sie die Prägephase Ihres Welpen und zeigen Sie ihm seine neue Welt jetzt. Er wird sie unkompliziert akzeptieren, wenn Sie es richtig machen.

Denken Sie an die vielen unterschiedlichen Bodenbeläge, die für Hundepfoten eigentlich absolut ungeeignet sind: Gitterroste, spiegelglattes Parkett und ähnliches. Gehen Sie mit Ihrem Welpen drüber: Sie voran, er an Ihrer Seite. Jetzt jedenfalls folgt er Ihnen bedenkenlos; wenn er einige Monate älter ist, vielleicht nicht mehr.

Nehmen Sie Ihren Welpen auf den Arm und gehen Sie eine Viertelstunde durch ein Einkaufszentrum. Lassen Sie ihn nicht auf den Boden, der Lärm, die Gerüche und die vielen optischen Eindrücke sind schon genug Lehrstoff zum Verarbeiten. Danach gehen Sie gleich mit ihm auf eine Spielwiese und erholen sich gemeinsam von dem Stress.

Marschieren Sie mit Klein-Rex über Brücken, lassen Sie ihn durch einen »Tunnel« schlüpfen (eine Stoff- oder Plastikröhre, wie sie für den Hundesport verwendet wird) und loben Sie ihn, wenn er seine Scheu überwunden hat.

Fahren Sie öfter als vielleicht nötig mit Ihrem Welpen Auto. Er soll es lieben lernen, und er soll es als eine fahrbare Hundehütte schätzen. Moderne Hunde müssen Autofans sein. Also nutzen Sie Autofahrten ins Spaziergangsgelände, zum Welpentreff und überall dorthin, wo es schön ist für Ihren Hund, um ihm das Autofahren angenehm zu machen.

Fahren Sie mit ihm Bus oder Bahn, benutzen Sie einen Lift. Zeigen Sie ihm

Kühe und Pferde, Schafe und Hühner (sofern es das bei Ihnen noch gibt). Lassen Sie Ihren Welpen schwimmen, wenn es nicht gerade Winter ist.

Zeigen Sie ihm Menschen, Menschen, Menschen. Noch ist Ihr kleiner Cäsar ein süßer Teddy, den (fast) alle mögen werden. Zeigen Sie ihm, dass (fast) überall Menschen sind. Machen Sie ihm klar, dass er erst auf Ihre Erlaubnis Kontakt aufnehmen darf und ansonsten andere Menschen nicht näher beachtet.

Gehen Sie voran beim Entdecken der vielfältigen und beeindruckenden Umwelt. Ihr Welpe folgt Ihnen und lernt erstens, dass Sie wirklich ein beeindruckender Chef sind, und zweitens, dass dieser ganz neuen, aufregenden Welt mit Gelassenheit begegnet werden kann.

Nicht nur wenn der Kleine sitzt, sollte die Leine locker durchhängen. Üben Sie das mit dem Welpen, und für Sie beide wird später vieles leichter.

TIPP

Falls Ihr Welpe mit irgendetwas Probleme hat, weichen Sie der Sache nicht aus. Nehmen Sie sich Zeit, gehen Sie mit ihm gemeinsam das Ungeheuer an und lösen Sie Angst machende Situationen auf. Ihr Hund wächst – wie wir übrigens auch – mit seinen Aufgaben, nicht damit, dass er ausweicht.

Wenn Sie dieses Umwelttraining richtig und rechtzeitig machen, werden Sie später einen Begleiter haben, der Sie nicht umreißt, weil er einem Gitterrost ausweicht, der nicht am ganzen Körper zittert, weil er sich nicht über den Parkettboden des Restaurants traut oder durch den Anblick eines Rollstuhlfahrers irritiert ist. All das kennt Ihr weltgewandter Begleiter dann schon, er bleibt cool und Sie haben eine ganze Menge komplizierter Probleme vermieden.

Lassen Sie Ihren Welpen ruhig auch einmal vier, fünf Treppenstufen gehen. Es ist gut, wenn er den dafür nötigen Bewegungsablauf schon früh kennt. Wenn Sie es ihm nur ab und zu erlauben, wird er sicher in dieser Aufgabe, er erwirbt dadurch keine Hüftgelenksdysplasie. Wenn Sie aus falsch verstandener Vorsorge Ihrem Welpen und Junghund das Treppensteigen grundsätzlich verbieten, wird er Ihnen wahrscheinlich große Probleme machen, wenn er mit acht oder zehn Monaten plötzlich Treppen steigen soll oder muss.

▶ Aktivitäten in Maßen

Natürlich braucht ein gesunder Hund rasse- bzw. typgerechten Auslauf. Eine Stunde plus x jeden Tag, je nach Veranlagung (des Hundes, bitte nicht Ihrer!). Aber bitte erst, wenn sein Bewegungsapparat halbwegs gefestigt und ausgereift ist. Es ist verständlich, dass Sie Ihren Nachbarn den süßen Welpen vorstellen wollen, aber marschieren Sie deshalb nicht zwei Stunden am Stück im Dorf herum.

TIPP

Im ersten halben Lebensjahr ist mehrmals täglich ein maximal halbstündiger Spaziergang bei mittleren und großen Hunden absolut ausreichend. Bis zu einem Jahr können Sie dann auf eine Stunde steigern und dann allmählich erhöhen. Die meisten mittelgroßen bis großen Hunde sind erst mit zwei, manche erst mit drei Jahren körperlich voll entwickelt und belastbar. Minis und kleine Hunde werden schneller erwachsen.

Sie schaden Ihrem Hund, wenn Sie dies nicht beachten. Er darf mit sich, mit Ihnen und mit anderen Hunden spielen, solange er kann und will, dabei werden alle Muskeln, Bänder und Gelenke unterschiedlich belastet. Ein Spaziergang mit uns ist eine einseitige, starke Belastung. Das gleichmäßige monotone Laufen belastet seine weichen Bänder und Gelenke enorm. Also lassen Sie es – Sie haben hoffentlich mehr als ein Dutzend Jahre Zeit, mit Ihrem Begleiter auf Spaziergängen zu renommieren. Lassen Sie ihm das erste Jahr Zeit zum Wachsen und zum Reifen. Ihrem dreijährigen Kind würden Sie ja auch keinen kilometerlangen Fußmarsch in strammem Tempo zumuten.

Noch schlimmer wäre es, wenn Sie Ihren Hund im Welpen- und Junghundalter am Fahrrad oder Pferd mitlaufen lassen würden – das wäre Tierquälerei. Wenn Sie möchten, dass Ihr Hund Sie später am Rad oder Pferd begleitet, dann stellen Sie es ihm vor, solange er Welpe ist. Er darf zur Gewöhnung auch mal ein bisschen neben ihm gehen, mehr aber nicht.

Auch dann, wenn Sie später vielleicht Hundesport machen möchten, zum Beispiel Agility, sollte Ihr Hund im ersten Lebensjahr die Geräte nur kennen lernen oder vorsichtig ausprobieren, mehr nicht und auf Tempo ohnehin nicht – auch wenn Ihr Sportsfreund auf vier Pfoten das selbst gerne möchte. Lassen Sie ihn wachsen!

▶ Alleinbleiben

Wenn Sie alles andere richtig gemacht haben, ist das Alleinbleiben für die allermeisten Hunde überhaupt kein Problem. Denken Sie daran, dass Ihr Hund im ersten halben Jahr tagsüber nicht allzu lange allein bleiben sollte – die Nacht verbringt er ja ohnehin an Ihrer Seite.

Üben Sie mit Ihrem Welpen, nachdem er einige Zeit bei Ihnen ist, indem Sie das Zimmer für wenige Minuten verlassen. Machen Sie dabei aber keine riesigen Abschiedszeremonien oder Wiedersehensfeiern, sondern bleiben Sie völlig neutral. Sie gehen weg, sagen ein Wort Ihrer Wahl, zum Beispiel »Tschüss«, kommen nach ein, zwei Minuten zurück und sagen »so war's brav!«. Seien Sie aber nicht allzu begeistert und haben Sie bloß kein schlechtes Gewissen. Ihr Welpe merkt das nämlich und wird dann ganz aufgeregt und geht davon aus, dass Weggehen etwas ganz Schlimmes sein muss.

Also einfach so tun, als sei Weggehen und Wiederkommen die normalste Sache der Welt. Die meisten Hunde akzeptieren das ohne Murren. Heulsusen sind meist »selbst gemacht«, weil entweder wir selbst oder, bei einem Hund aus zweiter Hand, die Vorbesitzer einen Fehler gemacht haben.

Wenn er sich gelöst hat, vielleicht ein bisschen gespielt hat und nicht hungrig ist, können Sie ihn auch auf längere Abwesenheiten trainieren. Ihr Welpe wird dann in der Regel nichts zerstören, wenn Sie weg sind. Trotzdem sollten Sie Ihre Heiratsurkunde und den Nerzmantel vielleicht wegräumen, bis Sie sich dessen ganz sicher sind. Aber folgen Sie nur nicht den schlechten Ratgebern, die vorschlagen, dass man den Welpen in Badezimmer oder Flur sperrt, um Untaten zu verhindern. Lassen Sie Ihren Welpen dort, wo er auch sonst gerne ist, dann ist das eine normale Situation, die ihn nicht zusätzlich unsicher macht.

Üben Sie das Alleinbleiben auch gleich im Auto, erstens können Sie dann (falls die Temperaturen unter 15 °C sind), in Ruhe einkaufen und zweitens fällt es Ihrem Welpen dort meist leichter zu warten.

Wenn Sie das Weggehen systematisch üben und die Zeitdauer steigern, können Sie sich bald schon alleine zum Einkaufen auf den Weg machen. Ihr Welpe wird geduldig warten und darauf gespannt sein, was Sie von Ihrem Beutezug mitbringen.

▶ **Beim Tierarzt**

Last but not least in diesem Kapitel die Empfehlung, von Anfang an den Tierarzt zum Freund des Welpen werden zu lassen. Gehen Sie also keinesfalls in der ersten Zeit nur zum Tierarzt, wenn eine unangenehme Erfahrung (zum Beispiel Impfung o.ä.) ansteht. Ihr Tierarzt wird Sie sicher unterstützen, wenn Sie auch einmal nur so kommen, wenn Ihr Welpe kurz auf dem Untersuchungstisch geknuddelt und liebkost wird, ein tolles Leckerle erhält und die Praxis und den Tierarzt als etwas ausgesprochen Angenehmes empfindet.

Tierarztbesuche können auch bei den gesunden und robusten Hunden im Leben noch genug Unangenehmes bergen. Versuchen Sie, den Anfang dieser lebenslangen Beziehung zum Tierarzt für Ihren Welpen so angstfrei und so angenehm wie möglich zu machen. Meine Nessy freut sich furchtbar, wenn wir beim Tierarzt aus dem Auto steigen, zieht begeistert Richtung Ordination und setzt sich in Erwartung ihres Kekses ohne Aufforderung schon mal auf die Waage. Sie hat nur gute Erfahrungen gemacht. Hoffentlich bleibt das noch lange so.

Gesunde Ernährung

Gesunde Ernährung

▶ Der Hund ist, was er isst

Als die Vorfahren unserer Hunde auf den Menschen kamen, haben sie wahrscheinlich in Sachen Küche einen schlechten Tausch gemacht. Sie bekamen nun nicht mehr (wenn das Jagdglück das wollte) die Filetstücke, sondern eher die Abfälle, die die Menschen nicht mehr wollten. Im schlimmsten Fall landeten sie selbst im Kochtopf, wenn bei ihren neuen Freunden Schmalhans Küchenmeister war.

Über zig Jahrtausende war die Ernährungsgeschichte der meisten Hunde wohl eine Geschichte des Mangels und der Not. Sieht man mal von den verwöhnten Hunden edler Damen oder den geschätzten Begleitern adeliger Jagdherren ab, war Hasso Normalhund meist sicher ein »armes Schwein«.

Der moderne Welpe, der heute zu Ihnen ins Haus kommt, hat ganz andere Probleme mit seiner Ernährung. Heute sind Ernährungsprobleme bei Hunden in Deutschland zumindest fast immer Probleme der Überversorgung. Unsere Hundekinder bekommen zu viel Eiweiß, wachsen zu schnell und haben als Resultat dann Skelett- und Knochenprobleme – nicht wegen schlechter, sondern wegen zu »guter« Ernährung.

Die modernen, verwöhnten erwachsenen Hunde geraten in die Gefahr, ordentlich Übergewicht anzusetzen. Wie bei Menschen und schlimmer noch, hat Übergewicht für das Wohlbefinden und die Gesundheit Ihres Hundes negative Auswirkungen. Also achten Sie darauf, dass Ihr Schleckermäulchen gar nicht erst dicker wird, als es sein darf. Ihr Hund hat das richtige Gewicht, wenn er die Rippenprobe besteht: streichen Sie leicht – aber wirklich leicht – über seine Seite. Wenn Sie seine Rippen spüren, ist es okay. Wie bei uns selbst heißt auch bei ihm die Devise: Wehret den Anfängen!

Die meisten Hunde sind gute Futterverwerter, vergleichsweise anspruchslos und meistens hungrig. Sorgen Sie dafür, dass sie Spaß am Fressen haben. Sorgen Sie aber vor allem dafür, dass das Fressen nicht der einzige Spaß am Tage ist.

▶ Futterarten

Ich war lange Zeit eine ganz verbissene Verteidigerin von selbst gekochter Hundenahrung. In den USA gibt es wieder einen Trend dahin, selbst für

Cliff und Lassie zu kochen. Auch Sie können Ihr Hundefutter selbst kochen, es gibt ausgezeichnete Literatur dazu, was da reinsollte und wie man es optimal zusammenstellt. Aber mit meiner Nessy mache ich heute ganz prima Erfahrungen mit gutem Fertigfutter. Und wenn Sie sich nicht zu einer Fachkraft für ausgewogene Hundeernährung ausbilden wollen, dann kann man heute wirklich zur Fertignahrung für Hunde raten.

Es gibt eine breite Angebotspalette für alle Altersstufen des Hundes, für unterschiedliche Lebensbedingungen (säugende Hündinnen, Arbeitshunde, Familienhunde, wenig Aktive etc.), für verschiedene gesundheitliche Bedingungen (magenempfindliche, übergewichtige, allergische und kastrierte Tiere).

Sie können wählen zwischen Vollnahrung und Ergänzungsfutter. Vollnahrung heißt, dass Sie ein Alleinfutter bieten, das alle wichtigen Inhaltsstoffe enthält. Solche Vollnahrung erhalten Sie als Trockenfutter oder in Dosen. Aus Dosen oder selbst gekocht können Sie auch Fleisch anbieten, dazu brauchen Sie dann aber unbedingt Ergänzungsfutter, das sind Getreide- und Gemüseflocken, damit Ihr Hund eine vollwertige Mahlzeit erhält.

Sie können auch im Fertigfutterbereich abwechslungsreiche Kost bieten, indem Sie Trockenfutter mit kleinen Zutaten verfeinern oder strecken. Das könnte Gemüse sein oder Joghurt oder etwas Obst oder mal ein bisschen gedünsteten Fisch, was immer Sie gerade zur Verfügung haben.

Auch wenn die Futtermittelfirmen ihre Kundschaft natürlich an sich bin-

Was ein echter Hund ist, dem ist keine Zahnbürste zu groß.

den wollen: Ihr Hund wird nicht krank, wenn Sie die Futtermarke wechseln. Manche Hunde mögen das sowieso gerne und Sie prägen Ihren Hund nicht ausschließlich auf eine Futtermarke, was ganz fatale Konsequenzen haben könnte, wenn er dieses eine Futter einmal nicht bekommen kann (z.B. im Urlaub).

Nahrungsbestandteile

Fünf Dinge braucht Ihr Hund fürs Überleben: Fette, Proteine, Kohlehydrate, Vitamine sowie Mineralstoffe und Spurenelemente. Bekommt er die und dann noch im richtigen Verhältnis, seiner Konstitution und seinem Alter angemessen, dann ist er optimal ernährt.

Die Tierärztin und Kosmos-Autorin Dr. med. vet. Helga Brehm hat in ihrem Buch über Hundekrankheiten zusammengefasst, was bei den einzelnen Energielieferanten zu beachten ist.

Eiweiß

☐ Fleisch: kein rohes Schweinefleisch! Stets Kalzium, jodiertes Kochsalz und fettlösliche Vitamine zusetzen.

☐ Innereien: wenig Leber (sonst Vitamin-A-Vergiftung).

☐ Fisch: nur gekocht füttern, damit Parasiten abgetötet werden und Thiaminase (Vitamin-B1-zerstörendes Enzym) inaktiviert wird.

☐ Quark, Hüttenkäse: auf jeden Fall Kalzium zufüttern.

☐ Eier: Eiklar nur gekocht geben, da es den Vitamin-H-zerstörenden Faktor Avidin und einen Trypsinhemmstoff enthält.

☐ Mangel an Proteinen führt zu Entwicklungsstörungen, Infektionsanfälligkeit und Blutarmut.

☐ Extreme Eiweißüberfütterung führt zu Hauterkrankungen, Überbelastung der Leber und Niere, Kalziummangel.

Fette

☐ Fette und Öle sind Energielieferanten, daher geeignet in Situationen erhöhten Energiebedarfs (Arbeitshunde, stillende Hündin).

☐ Pflanzenöle enthalten einen hohen Anteil ungesättigter Fettsäuren.

☐ Große Mengen haben abführende Wirkung.

Kohlehydrate

☐ Kohlehydrate als Rohfaserlieferanten: Getreideschrot, Weizenkleie, Obst, Gemüse.

☐ Kohlehydrate als Energielieferanten: Reis, Kartoffeln, Getreideflocken, Grieß, Brot und Teigwaren, reife Früchte.

☐ Brot und Teigwaren besitzen außer Energie keinen Nährwert.

☐ Zu viele Kohlehydrate führen zur Verfettung.

☐ Viel Rohfaser im Futter führt zur Gewichtsreduktion.

☐ Zu wenig Rohfaser im Futter führt zu Kotabsatzproblemen.

Mineralstoffe und Spurenelemente

☐ Mengenelemente (Kalzium, Phosphor, Magnesium, Natrium, Kalium, Chlor) und Spurenelemente (Fluor, Jod, Kupfer, Mangan, Selen und Zink) sind im Fertigfutter in ausreichender Menge und richtigem Mischungsverhältnis vorhanden.

☐ Kalzium und Phosphor sollten immer im Verhältnis 1–1,2g Kalzium zu 0,8–1 g Phosphor pro 100 g Futtertrockensubstanz enthalten sein.

☐ Hoher Kalziumbedarf bei wachsenden Hunden und stillenden Hündinnen.

☐ Jodiertes Kochsalz und Kalzium bei Fleischfütterung zugeben.

Vitamine

☐ Zu viel an Vitamin A führt zu Knochenverkalkung und zu viel an Vitamin D zur Gefäßverkalkung.

☐ Vitamin K und ein Teil der B-Vitamine werden von den Darmbakterien synthetisiert.

☐ Vitamin C kann der Hundekörper selbst herstellen.

☐ Erhöhter Vitaminbedarf besteht bei wachsenden Hunden, tragenden und stillenden Hündinnen und bei alten Hunden.

☐ Langes Wässern und Kochen von Futtermitteln zerstört Vitamine.

▶ Nahrungsbedarf

Der Hund hat im Laufe seines Lebens einen unterschiedlichen Bedarf an diesen Nahrungsbestandteilen. Viele gute Futtermittelhersteller berücksichtigen das inzwischen. Sie sollten vor allem bei Ihrem Welpen und bei Ihrem heranwachsenden Hund darauf achten, dass er spezielles, das heißt seinem Alter und seiner Rasse bzw. seinem Typ angepasstes Futter bekommt. Über- und Unterversorgungen vor allem mit Protein und Kalzium im ersten Lebensjahr Ihres Hundes können ernste Folgen für sein späteres Leben haben. Besonders hier sollte man mit »Selbstgemachtem« vorsichtig sein. Und besonders im ersten Lebensjahr sollte man auch nicht am Futter »sparen«, sondern zu hochwertigem Futter greifen.

▶ Richtig füttern

- ▶ altersgerecht füttern
- ▶ die Zusammensetzung des Futters soll zum Hund passen
- ▶ Futterration auf mehrere Mahlzeiten am Tag verteilen (bei Welpen viermal, beim Junghund dreimal, bei Erwachsenen zweimal und beim Senior wieder dreimal täglich)
- ▶ zahnpflegende Futterbestandteile anbieten (Büffelhautknochen, Ochsenziemer, Hundekuchen u.ä.)
- ▶ Leckerli und Belohnungen in die tägliche Futterration einrechnen
- ▶ nie direkt aus dem Kühlschrank füttern
- ▶ keine gewürzten Tischreste füttern
- ▶ stets Wasser bereit halten

▶ Tischsitten

Jeder Hund kann betteln – wahrscheinlich ab dem Zeitpunkt, an dem er halbwegs Kontrolle über seine Beine hat und mehrere Schritte geradeaus laufen kann. Jeder – auch ein dicker Hund – schafft es, Sie glauben zu machen, dass er augenblicklich in ein Hungerkoma fällt, wenn Sie ihm nicht schnell etwas zu fressen reichen. Manche Hundehalter behaupten steif und fest, dass ihr Hund sogar die Lefzen einziehen kann, um einen besonders hinfälligen Eindruck zu erwecken.

Es ist einfach so: Wenn Sie Ihren Hund niemals, wirklich niemals auf seine Initiative hin füttern, weiß er gar nicht, was Betteln ist. Das Problem ist nur: Sie sind konsequent und dann, ja dann zeigt ihm einfach Onkel Fritz, wie das geht: einen Menschen zum Futterspender erziehen.

Vielleicht gewinnen Sie diesen Machtkampf souverän. Wenn nicht, sehen Sie Ihren Widerstand gegen Ihren begabten Schauspieler auf vier Pfoten einfach als ständigen Prozess, in dem Sie (hoffentlich) die meisten Punkte sammeln.

Ihr Hund verträgt und liebt sein Futter am besten »körperwarm« – das schaffen wir natürlich nicht, aber aus dem Kühlschrank sollte man gar nicht füttern. Wenn man selbst kocht, kann man noch warm anbieten. Trockenfutter und Hundeflocken kann man mit heißem Wasser einweichen.

Trockenfutter sollten Sie nur im Ausnahmefall trocken füttern. Ihr Hund verdaut es leichter, wenn Sie es vorher quellen lassen. Mindestens eine Viertelstunde ist zu raten, welche Zeit optimal ist, finden Sie selbst heraus, je

nach Futter und Geschmack Ihres Hundes.

TIPP

Denken Sie in diesem Zusammenhang auch an die Empfehlungen aus dem Erziehungskapitel: Füttern Sie Ihren Hund entweder zu anderen Zeiten, als Sie selbst essen, oder geben Sie ihm sein Futter, nachdem Sie selbst gegessen haben.

Nehmen Sie Ihrem Hund auch mal kurzfristig die Schüssel weg oder rühren mit dem Finger in der Leckerei und wehe, er duldet diese Rangdemonstration seines Bosses nicht gleichmütig – dann gibt es ein ordentliches Donnerwetter.

▶   **Zeit zum Fressen**

Vielleicht kennen Sie das auch: Vor einigen Tagen haben wir wie jedes Jahr die Uhren eine Stunde zurückgestellt: Winterzeit. Pünktlich um 12 Uhr (Sommerzeit) – meist schon etwas früher – begibt sich unsere Nessy zu ihrem Futterständer, setzt sich vor den leeren Ring, in den in Kürze ihre (gefüllte) Schüssel gehängt werden wird. Mehr oder weniger geduldig, sehnsüchtig und – wie es scheint – tiefsinnig betrachtet sie den leeren Raum in dem Ring. Es dauert Wochen, bis sie schweren Herzens akzeptiert, dass Winterzeit bedeutet, eine Stunde später zu fressen. Sehr viel angenehmer empfindet Nessy natürlich die andere Umstellung, die bedeutet, dass ihr Futter eine Stunde früher gereicht wird.

Wann Zeit zum Fressen sein soll, hängt vom Alter ab. Ihren Welpen füttern Sie viermal am Tag – möglichst gleichmäßig auf die wache Zeit verteilt –, Ihr Junghund bekommt dann ab dem 7. Lebensmonat nur noch dreimal

Vornehm jeder für sich: Welpen bei einer ihrer Lieblingsbeschäftigungen. Die Welpen- und Junghundeernährung ist grundlegend für ein gesundes Hundeleben.

Wasser – auch für Hunde (über-)lebenswichtig. Die Wasserflasche für den Hund ist ein unbedingtes Muss im Auto.

Futter. Ihr Großer bekommt seine tägliche Futterration in zwei Portionen, damit erstens die Gefahr der Magendrehung vermindert wird und zweitens Ihr Hund nicht ganz so lange Abstände zwischen den Highlights jeden Hundetages hat: dem Speisen. Ihr alter Freund sollte seine Ration dann wieder dreimal am Tag bekommen.

Ob Sie Ihren erwachsenen Hund stets zur gleichen Zeit füttern, hängt im Wesentlichen von Ihren Lebensumständen ab. Tierärzte empfehlen feste Fütterungszeiten, weil sich der Organismus dann schon auf das kommende

Futter vorbereitet. Aufnahme und Verwertung des Futters sollen so verbessert werden.

TIPP

Direkt vor dem Füttern sollte Ihr mittelgroßer bis großer Hund keine körperliche Anstrengung haben. Also, wenn er vom Hundesport, vom Hundespiel oder vom Ausritt bzw. Radfahren zurückkommt, nicht gleich eine Stärkung reichen. Experten empfehlen nach körperlicher Anstrengung eine Ruhepause von mindestens einer Stunde.

Sie müssen dann aber damit rechnen, dass Ihr Hund pünktlich zum Termin mit seinem Futter rechnet – zumindest, wenn Sie und er zu Hause sind. Der Fantasie eines Hundes, wie er Sie auf seine Essenszeit aufmerksam machen kann, sind keine Grenzen gesetzt, und ihm ist es auch ganz egal, wenn Erbtante Frieda zu Besuch ist und Ihre ganze Konzentration fordert.

▶ Nach dem Futtern

Ruhe nach dem Essen ist die erste Hundepflicht für alle Rassen. Achten Sie darauf, dass Ihre Kinder den Hund nicht zum Spielen verleiten, wenn Sie möchten, dass Ihr Hund noch lange spielen kann.

Anders ist das bei Welpen. Ihnen sieht man geradezu an, ob sie die optimale Menge gefuttert haben: Wenn sie nach dem Füttern nicht gleich umfallen und schlafen, sondern noch ein Viertelstündchen spielen, war alles prima. Sind sie nervend, hatten die Kleinen zu wenig Futter, plumpsen sie gleich in den Tiefschlaf, dann war es entschieden zu viel des Guten.

▶ Snacks – warum nicht?

Die Hundefutterindustrie hat jede Menge Ideen, was man Ihrem Hund noch nebenher an Snacks bieten könnte. Es gibt ihn zwar noch, den alten zahngesundheitsfördernden Hundekuchen, der auch noch so heißt. Manchmal nennt er sich aber schon Kraftriegel oder Maiskeimbrötchen oder anderswie modern. Die industriell gefertigten Hundesnacks und Belohnungsleckerchen sind heute vor allem für den menschlichen Käufer aufbereitet. Pralinenähnlich, in Form von Keksen oder italienischer Pasta, gerollt,

geschichtet, als eine Art Überraschungsei (-knochen) für Hunde, nur Ihr Geldbeutel und Ihr gesunder Menschenverstand setzen hier Grenzen.

Für die rustikaleren Hundebesitzer und für die, die sich auf dem Weg zurück zur Natur befinden, gibt es jede Menge Trockenprodukte von Schlachtabfällen. Getrockneter Ochsenpenis, getrocknete Ohren von allen möglichen Schlachttieren, Rindernasen, Rinder- oder Schafspansen, Rinderhufe, Rinderlunge, sogar Hoden männlicher Rinder kann man seinem Hund zum Knabbern bieten. Manchmal finden Sie auch getrocknete Hühnerkralle im Snackregal oder einfach nur mehr oder weniger preiswerte Stückchen Rinderfell. Alles Geschmackssache, und das im Wortsinn. Die Lieferanten scheinen davon auszugehen, dass gerade die Produkte, die ganz besonders streng riechen, von der Kundschaft bevorzugt werden. Wie auch immer – den Hunden schmeckt das meiste davon ganz ausgezeichnet.

▶ TIPP

Schweine und vereinzelt auch andere Schlachttiere können an der Aujeszkyschen Krankheit leiden. Hunde und Katzen, die das Fleisch derart infizierter Tiere fressen, sterben qualvoll. Nur Erhitzen über hundert Grad kann den Virus töten. Seien Sie deshalb vorsichtig mit getrockneten Schweineohren. Getrocknete Schlachtabfälle sind vor der Trocknung nicht immer ausreichend erhitzt worden. Wenn Ihr Zoofachhändler das nicht garantieren kann, kaufen Sie besser kein Schweineohr, es könnte die letzte Mahlzeit Ihres Hundes sein.

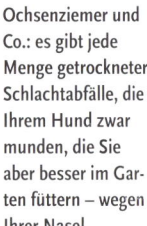

Ochsenziemer und Co.: es gibt jede Menge getrockneter Schlachtabfälle, die Ihrem Hund zwar munden, die Sie aber besser im Garten füttern – wegen Ihrer Nase!

Amerikanischer und deshalb hygienischer und steriler und überhaupt kaum mehr als das erkennbar, was es einmal war, sind Produkte aus Rinderhaut, die so genannten Büffelhautknochen und ähnliche Produkte: Knusperstängel, Kauröllchen und wie sie alle heißen. Das sind wunderbare Instrumente zum Zeitvertreib und zur Beschäftigung für Ihren Hund. Nur leider sind sie manchen Hunden, die mal auf den Geschmack eines kernigen Ochsenziemers gekommen sind, einfach nicht aromatisch genug. Wenn Sie Ihren Gourmet also zum Büffelhaut-Freund erziehen wollen, geben Sie ihm nur wenige der oben genannten Trockenprodukte.

Was immer und wie viel immer Sie Ihrem Hund zwischendurch füttern – denken Sie daran: fast alles hat Kalorien, die Sie in die tägliche Gesamtfuttermenge einrechnen sollten und von den Hauptmahlzeiten entsprechend abziehen müssen.

▶ Ungeeignetes Futter

Vieles, was Ihr netter Nachbar oder Ihr eigener Hund für ganz besonders lecker und hundetauglich halten, sollten Sie nicht füttern, weil es schädlich oder sogar gefährlich ist.

Knochen zum Beispiel sind entgegen aller alten und neuen Beteuerungen kein Hundefutter. Große und harte Knochen können Zähne schädigen.

Knochenteile oder kleine Knochen können irgendwo zwischen Schlund und Anus stecken bleiben. Wenn dies in der Luftröhre oder im Darm passiert, kann es zu lebensbedrohlichem Verschluss kommen. Die meisten kennen die Gefahr, die von Hühner- oder Kaninchenknochen für Hunde ausgeht.

Aber selbst wenn Ihr Hund ein ganz prima Knochenfresser ist, die Gefahr der Verstopfung ist groß. Es kann zum gefürchteten Knochenkot kommen, einem steinharten Kot, der sich an die Darmwand anlegt und nicht mehr transportiert werden kann. Qualvolle Darmspülungen oder die Entfernung mit einer Zange sind dann die üble Konsequenz. Also überlegen Sie, ob der »gute« Kalbsknochen wirklich gut für Ihren Hund ist.

Eben haben wir schon über die gefährliche Aujeszkysche Krankheit gesprochen, füttern Sie deshalb kein **Schweinefleisch** und auch keine Produkte mit rohem Schweinefleisch, also roher Schinken, Mettwurst, Salami u.ä. Es ist überhaupt empfehlenswert, gar kein rohes Fleisch – gleich von welchem Tier – zu füttern.

Fleisch ist kein Alleinfutter. Wenn Sie Fleisch füttern, geben Sie ein Fertigfutter ohne Fleischanteil (Gemüseflocken o.ä.) dazu. Fleisch allein führt zu Mangelzuständen.

Rohes Eiklar sollten Sie Ihrem Hund auch nicht geben (siehe Seite 48).

Schokolade ist keine Belohnung für Ihren Hund, sondern kann bei empfindlichen Hunden lebensbedrohlich wirken. Alle anderen Süßigkeiten sind auch nicht empfehlenswert: auch Ihr Hund kann Karies bekommen, und brauchen tut Ihr Freund Gummibärchen und Co. sowieso nicht.

Mist, Pferdeäpfel, Schafskot: Jetzt denken Sie vielleicht, na, das ist doch klar, so was ist doch kein Futter. Schön, aber was, glauben Sie, denkt Ihr Hund? Für ihn sind das die reinsten kostenlosen Pralinen, die da rumliegen. Sein Instinkt lehrt ihn, dass in diesen köstlichen Leckereien noch feine für ihn verwertbare Bestandteile sind. Leider – und das lehrt ihn sein Instinkt nicht – gibt es auch andere Bestandteile, die für seinen Magendarmtrakt nicht so erfreulich sind. Pferdeäpfel sind meist unbedenklich, aber einfacher ist es, Sie lehren Ihren Hund, gar keinen Mist aufzunehmen, als dass Sie versuchen, sich mit ihm auf die akzeptablen Mistsorten zu einigen.

Mäuse: Eigentlich sind Mäuse ein ganz wunderbares artgerechtes Lebensmittel. Die wilden Verwandten unserer Hunde füllen mit diesen »Snacks« ihren leeren Magen, wenn größere Brocken nicht zu kriegen sind. Nur bekommen erstens viele Hundebesitzer Panikattacken, wenn ihr Hund ein Lebewesen tötet, und zweitens sind Mäuse heute leider meist äußerst ungesund. Falls Sie die Ernährungsgewohnheiten der Mäuse nicht genau kennen, sollten Sie Ihrem Falko nicht erlauben, eine zu jagen oder gar zu verspeisen. Die modernen Feldmäuse sind nämlich leider oft schon halb vergiftet, wenn Ihr Hund sie erlegt. Vergiftet von der intensiven Landwirtschaft und den dabei ausgebrachten Herbiziden und Pestiziden. Beide können bei Ihrem Hund zu Vergiftungen führen, wenn er sie in entsprechender Menge aufnimmt. Die Waldmäuse sind Überträger des gefährlichen Fuchsbandwurms. Also gestatten Sie Ihrem Hund am besten erst gar nicht die Mäusejagd, auch wenn Sie ein paar Stellen wüssten, wo sie vielleicht nicht gefährlich wäre.

Brackiges Wasser: Auch hier gehen die Meinungen zwischen Hunden und Menschen weit auseinander. Ihr Schluckspecht wird, wenn er es nur entdeckt, brackiges Gießwasser aus der Regentonne wie einen Likör schlürfen. Pfützen, die sich im Übergangsstadium zu kleinen sumpfigen Biotopen befinden, laden Ihren Entdecker nicht nur zum köstlichen Bade, sondern auch zum Verkosten dieser Leckerei. Besonders im Sommer kann er sich dabei eine üble Magendarminfektion holen. Kann er – muss er aber nicht, sonst hätten im Sommer die meisten Hunde chronischen Durchfall. Aber haben Sie auf jeden Fall ein Auge auf Ihren Hund.

▶ Fütterungstipps

Sie werden natürlich als liebevoller Hundehalter dem Geschirr Ihres Hundes die gleiche Sorgfalt angedeihen lassen wie Ihrem eigenen. Blitzsauber soll es schon sein. Kaufen Sie deshalb Qualitätsware, die sich gut reinigen lässt.

Achten Sie darauf, dass niemals Futter stehen bleibt, zumindest nicht länger als eine Viertelstunde. Erstens erziehen Sie sonst vielleicht einen mäkeligen Fresser und zweitens verdirbt Futter schnell und wird zur Gefahr für das Wohlbefinden Ihres Hundes.

Höhenverstellbare Futterständer werden immer wieder wegen ihrer gesundheitlichen Vorteile für mittelgroße bis große Hunde gepriesen. Skelettbelastungen beim wachsenden Hund würden vermieden. Das übermäßige Schlucken von Luft während des Futterns sei ausgeschlossen und

anderes mehr. Wie weit dies richtig ist, sei dahingestellt. Was aber jedem quasi auf den ersten Biss einleuchtet, ist, dass Ihr Hund damit ganz komfortabel speist. Er frisst auch meist manierlicher, weil die Näpfe nicht so leicht durch die Küche gezerrt werden können. Man kann sie als Hund auch nicht einfach umdrehen und kontrollieren, ob man auf der Unterseite noch Futterreste übersehen hat. Und mit dem Futterständer im Maul können selbst die meisten Doggen nicht hinter Frauchen dreinlaufen.

▶ Wasser

Der Körper unserer Hunde besteht zu 70% aus Wasser, und schon der Verlust von 15% davon ist tödlich. Wenn Sie sich den Wasserbedarf Ihres Freundes ganz genau ausrechnen wollen, müssen Sie 40–220 ml pro Kilo Lebendmasse Ihres Hundes rechnen. Je nach Umgebungstemperatur, Gesundheitszustand, bei Hündinnen, ob sie stillen, und je nachdem, welches Futter Sie anbieten, braucht man weniger oder mehr.

Natürlich brauchen Hunde, die Trockenfutter bekommen, deutlich mehr Wasser als andere.

Das Wasser für Ihren Hund soll natürlich Trinkwasserqualität und immer mehr als 10 °C haben.

Denken Sie also daran, dass Ihr Hund stets frisches Wasser hat, und denken Sie vor allem daran, wenn Sie in der warmen Jahreszeit mit ihm unterwegs sind. Mindestens eine Literflasche Wasser sollten Sie immer im Wagen dabeihaben, wenn Sie gemeinsam fahren. Und ein Napf, aus dem Ihr Hund trinken kann, gehört genauso ins Auto wie das Warndreieck.

Richtige Pflege

Richtige Pflege

Richtige Pflege ist neben der Ernährung und der artgerechten Beschäftigung der dritte Bestandteil der Gesundheitsvorsorge, für die Sie die Verantwortung tragen. Ein gepflegter Hund hat ein dichtes glänzendes Fell, klare sekretfreie Augen, sein Fell ist sauber, auch an den intimen Stellen unter der Rute, und frei von Verfilzungen und totem Haar. Seine Pfotenballen sind glatt und die Krallen nicht zu lang; seine Ohren sind sauber und geruchsfrei, seine Zähne in einem altersgemäßen Zustand ohne auffälligen Zahnbelag. Der Hund riecht nicht aus dem Fang.

So sollte das sein – zumindest meistens und immer dann, wenn Diana oder Hektor nicht gerade aus einem mit Mist gedüngten Feld zurückkommen.

Glänzendes Fell demonstriert Gepflegtheit und signalisiert Gesundheit.

▶ Pflege ist Sozialkontakt

Sich gegenseitig zu pflegen, gehört sich unter Angehörigen. Zumindest bei Familie Hund ist das klar. Nicht ganz so perfekt wie Affen das tun, aber mit der gleichen Hingabe, hilft man sich, wenn man ungebetene Gäste aus dem Fell haben will. Es ist deshalb ganz normal, dass Sie Ihrem Hund ans Fell gehen. Wir Menschen benutzen dazu Bürsten, Lappen, Reinigungstinkturen, Zeckenzangen und anderes. Es bleibt aber, und so soll Ihr Hund das auch erleben, immer eine innige Form von Sozialkontakt, eine Handlung, die nebenbei die Vertrautheit, die Liebe und die Zusammengehörigkeit ausdrückt. Wenn Sie Ihren Welpen von klein auf daran gewöhnen, dass Sie pflegende Handlungen an ihm vornehmen, wird er später keine Probleme machen.

▶ Fellpflege

Menschen haben sich Hunde für ganz unterschiedliche Situationen geschaffen. Hunde, die droben in den Bergen oder draußen in den Steppen allein mit den Schafherden leben können. Hunde, die in der kalten See vor Neufundland den Fischern helfen. Hunde, die ideal bei verschiedenen jagdlichen Aufgaben einzusetzen sind. Hunde, die in Eis und Schnee überleben können. Menschen haben sich Hunde auch aus ganz unpraktischen Erwägungen gezüchtet, einfach, weil sie sich ein Bild von einem Hund machten, das sie dann herausgezüchtet haben. Wenn wir heute unsere Hunde anschauen, gibt es alle möglichen Fellarten, von der Fellkugel Wolfsspitz, den Löckchen der Pudel, den zottigen Filzschichten der ungarischen Hütehunde über die eleganten langhaarigen Jagdhunde, die kurzhaarigen Schönheiten bis hin zu den Exoten, die ganz ohne Haare leben müssen.

Bis auf Letztere und die Pudel, wenn man sie regelmäßig schert, haaren alle Hunde. Das ist für alle Hausfrauen und Hausmänner wichtig, die damit vielleicht ein Problem haben. Haar von langhaarigen Hunden sieht man besser, dem von Kurzhaarigen ist dagegen mit Staubsauger und Bürste schwerer beizukommen. Haarlose Haushalte gibt es nicht, wenn ein Hund darin lebt, und Hundehaare werden Sie überall finden – wenn Sie das ekelig finden, halten Sie sich besser Fische als Haustiere, denn vermeiden lässt sich das nicht.

Aber auch wenn Sie damit kein Problem haben: die Pflegeansprüche sind schon deutlich unterschiedlich, und Sie sollten sich gründlich prüfen, welchen Aufwand Sie betreiben wollen. Viele der beliebten Familienhunde aus der Grup-pe der Hütehunde, wie Bobtail, Bearded Collie, PON, Schapendoes, Tibetterrier und andere, hat der züchtende Mensch zu ganz schön pflegeintensiven Herausforderungen gemacht. Falls Sie sich für so einen Hund inte-ressieren, lassen Sie sich von den Züchtern zeigen, wie und wie viel Haarpflege nach einem tollen Spaziergang durch Feld und Flur erforderlich ist. So vermeiden Sie spätere Frustrationen, denn so wie die Schäfer wollen die meisten Familien nicht mit ihrem Hund umgehen: das Jahr über alle Verfilzungen und Fellknötchen ignorieren und dann einmal im Jahr mit den Schafen zusammen scheren.

Einfach zu pflegen sind die Kurzhaarigen, aber haaren tun sie auch.

trimmt werden, wenn das Fell nicht zu üppig auswachsen soll. Das Trimmen kann man in speziellen Hundesalons machen lassen oder selbst bei einem der Pflege- und Trimmkurse lernen, die die einschlägigen Vereine anbieten.

Langhaarige Hunde haben unterschiedlichen Pflegebedarf, je nach Haarart. Diejenigen mit schlichtem, derbem Langhaar wie zum Beispiel Collie, Hovawart, Golden Retriever und auch die deutschen Spitze, stellen keine großen Ansprüche. Bei den Hunden mit schlichtem Langhaar, ohne oder mit wenig Unterwolle, neigt das Fell außer an einigen Stellen nicht zum Verfilzen. Auf diese Stellen sollte man dann aber achten: Das sind die feineren Haare um den Ohransatz, an den Achselhöhlen

Über Stock und Stein, durch Hecken und Auen – schöner Hund, aber aufwendig zu pflegen: Bearded Collies und andere Hütehunde stellen »haarige« Ansprüche.

Scheren und Trimmen – bei vielen Rassen gehört das zum Hundalltag. Viele Besitzer machen es selbst.

Manche Hunde, wie die Spitze zum Beispiel, sehen in Sachen Fellpflege anspruchsvoller aus, als sie sind. Also immer bei der Auswahl nachfragen und im Zweifel zeigen lassen.

Kurzhaarige Hunde und rauhaarige (z.B. die bekannten Teckel) sind ausnehmend einfach zu pflegen: Bürsten oder Striegeln reicht. Bei glatthaarigen Hunden reicht eine Gummi-Noppenbürste oder ein gut ausgewrungenes Fensterleder. Alle Hunde dieser Art sind ausgesprochen pflegeleicht.

Rauhaarige Hunde, wie zum Beispiel die Terrier und unsere deutschen Schnauzer, müssen regelmäßig ge-

TIPP

Viele Rauhaarige haben einen »Bart«. Damit sich dort nicht die Speisereste der ganzen Woche ansammeln, muss man Schnauzer und Co. regelmäßig kontrollieren und sauber machen.

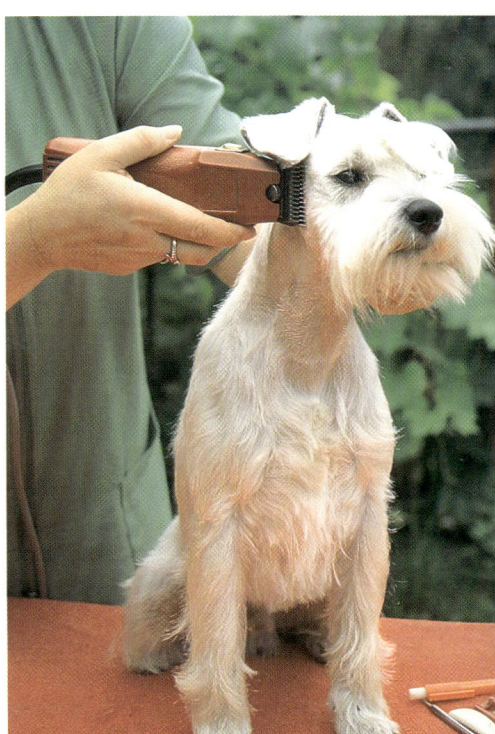

und die langen Haare an den Vorderläufen (Befederung). Außerhalb der Zeiten des Fellwechsels genügt wöchentliches Bürsten und bei den langhaarigen die Kontrolle der kritischen Stellen.

Langhaarige mit feiner Haarstruktur, wie zum Beispiel Setter oder Spaniel, brauchen mehr pflegende Zuwendung. Und Hunde mit seidigem Fell, wie es zum Beispiel die Afghanen haben, brauchen tägliche Aufmerksamkeit.

Auf die Ansprüche von langhaarigen Hunden, die zu Zotten neigen, wie einige der Hütehundrassen, haben wir schon hingewiesen. Hier ist oft tägliche Fellpflege, jedenfalls tägliche Kontrolle erforderlich.

Hunde mit feinem gelockten Haar, wie es zum Beispiel die Pudel haben, müssen zur regelmäßigen Schur noch mit einer speziellen Pudelbürste gepflegt werden, wobei der Pflegeaufwand relativ gering ist.

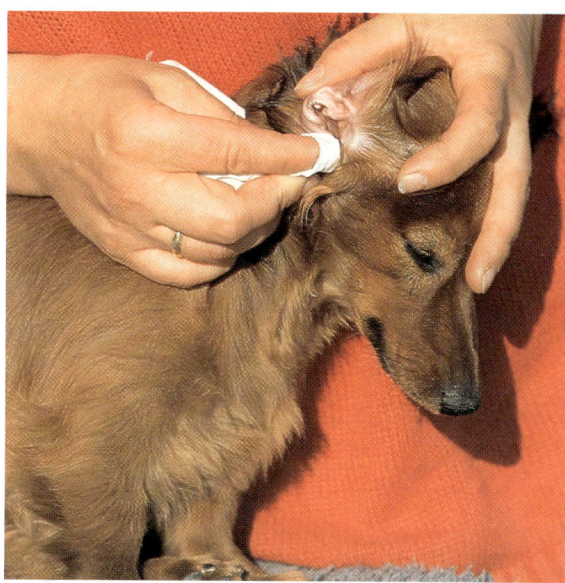

Bei allen Hunden, besonders aber bei denen mit hängenden Ohren, brauchen die Ohren unsere besondere Aufmerksamkeit.

▶ **Augen, Ohren, Zähne**

Augen und Ohren sowie die Zähne Ihres Hundes sollten Sie ebenfalls regelmäßig anschauen.

Die Ohren, aber nur den äußeren Teil, also die Innenseite der Ohrmuscheln, sollten Sie regelmäßig inspizieren: Sie schauen, ob sie sauber sind. Falls nicht, reinigen Sie sie mit einem weichen Tuch, eventuell mit etwas Babyöl getränkt. Sie schauen nach Auflagerungen, nach Ohrenschmalz, das sich vorgearbeitet hat, und vor allem riechen Sie Ihrem Freund ins Ohr. Wenn es dort unangenehm riecht, ist es an der Zeit, den Tierarzt zu konsultieren. Laborieren Sie keinesfalls selbst im Ohr Ihres Hundes herum. Im Zweifel richten Sie meist mehr Schaden an als Nutzen.

In die Augen schauen Sie Ihrem Hundeliebling ja ohnehin ständig, also tun Sie es auch zum Zwecke der Körperpflege – vor allem morgens. Mit einem Papiertaschentuch entfernen Sie Sekretreste, die sich morgens manchmal am Augenwinkel finden. Ist der Ausfluss mengenmäßig deutlich größer als gewöhnlich oder eitrig, ist das ein Fall für Ihren Tierarzt.

Zähne kontrollieren Sie auf Anzeichen von Zahnstein und Entzündungen, und wenn Sie schon so dicht am Fang Ihres Hundes sind, riechen Sie auch gleich, ob sein Mundgeruch in Ordnung ist. Im Handel werden alle möglichen Präparate zur Vorbeugung von Zahnstein angeboten. Manche Tierärzte empfehlen auch, den Hunden die Zähne zu putzen. Sie müssen das selbst entscheiden, denn bei Hunden und bei Menschen ist es einfach so, dass manche Zahnstein bekommen und andere nicht. Sofern Sie Ihrem

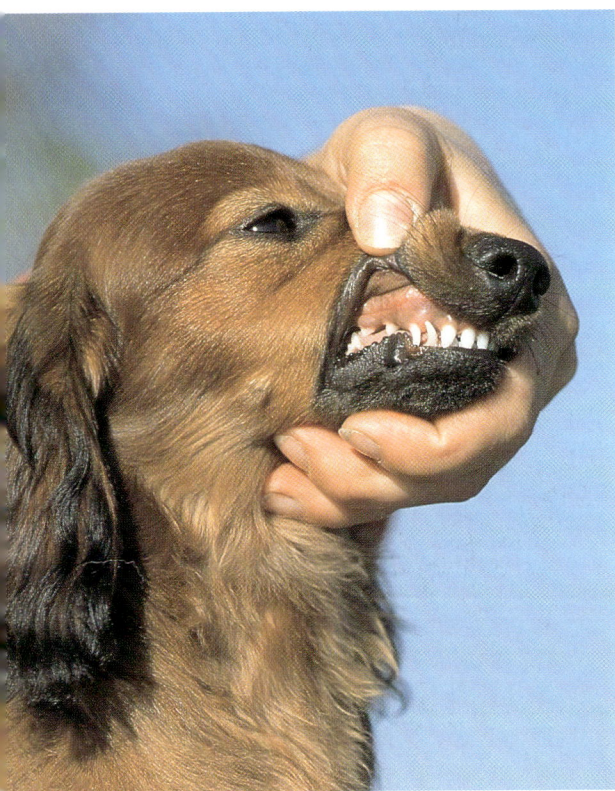

Regelmäßige Gebisskontrolle schützt vor bösen Überraschungen und ist eine gute Gewöhnung an Untersuchungen, die vielleicht einmal gemacht werden müssen.

Pfotenpflege

Hunde gehen »barfuß«. Angesichts der unterschiedlichen Bodenbeläge, die sie den ganzen Tag benutzen, ist das eigentlich eine erstaunliche Fertigkeit. Der Zustand der Fußballen sollte von Ihnen daher ebenfalls überprüft werden. Auch wenn Ihr Hund keine auffälligen Reaktionen zeigt, kann zwischen den Ballen alles Mögliche verkantet oder verklebt sein. Die Ballen sollten dunkel und glatt sein, wenn nicht, brauchen sie vermehrte Aufmerksamkeit und Pflege. Melkfett oder Vaseline tun hier gute Dienste.

Selbst dann, wenn Sie Ihrem Hund ein gemütliches weiches Bett gemacht haben, wird mancher harte Bursche den harten Boden vorziehen. Er kann davon unter anderem Liegeschwielen bekommen. Das heißt, dort, wo quasi die äußerste Stelle seines Körpers auf den harten Boden trifft, an seinem Ellenbogen, wird das Fell abgeschabt und es bilden sich richtige Schwielen. Anfangs helfen hier manchmal noch die eben genannten Fette. Wenn Sie

Freund täglich die Möglichkeit geben, etwas Hartes zu knabbern (einen Hundekuchen, ein Stück Ochsenziemer oder einen Büffelhautknochen), haben Sie schon eine Menge zur Vorbeugung getan. Getrocknetes aus Rinderhaut und Kauröllchen gibt es in Formen, an denen sich selbst ein Zwerg von Hund knabbernd betätigen kann. Gönnen Sie Ihrem Hund das. Falls Ihr Hund zur Minderheit derer gehört, die trotz dieser schmackhaften Möglichkeiten der Prophylaxe anfällig für Zahnstein bleiben, dann können Sie sich immer noch zeigen lassen, wie man seinem Hund die Zähne putzt und sich abzeichnende Beläge selbst entfernt.

TIPP

Die Krallen Ihres Hundes werden sich in der Regel selbst kurz halten, wenn Ihr Hund öfter über harten, rauen Boden geht, zum Beispiel Asphalt. Manchmal werden die Krallen aber aus verschiedenen Gründen länger, als sie sein sollten. Das schafft dem Hund Beschwerden. Beim Tierarzt wird das Problem schnell und perfekt gelöst. Falls es bei Ihrem Hund ständig auftritt, können Sie sich zeigen lassen, wie man mit einer Krallenschere das Kürzen korrekt und ohne Verletzung vornimmt.

das Problem zu spät identifizieren, müssen Sie sich vom Tierarzt eine geeignete Salbe holen.

Zur Pflege Ihres Hundes gehört auch, daß Sie draußen unterwegs darauf achten, wo und vor allem worüber Sie beide gehen. Es ist klar, dass Sie einen Umweg machen, wenn Sie glauben, ein bestimmter Boden schadet Ihrem Hund oder gefährdet seine Pfoten.

EIS UND SCHNEE ▶ Die Pfoten Ihres Hundes brauchen gerade auch im Winter verstärkte Aufmerksamkeit. Bei den langhaarigen Hunden bilden sich beim Spaziergang im Schnee oft Schneeklumpen zwischen den Zehen und Ballen – manchmal so groß wie ein Tischtennisball. Das Gehen wird dadurch sehr schmerzhaft, und nicht immer gelingt es dem Hund, sich davon restlos zu befreien. Seien Sie also achtsam, wenn Ihr Hund sich hinlegt und an seinen Pfoten knabbert, warten Sie und helfen Sie ihm gegebenenfalls, die schmerzhaften Schneebälle zu entfernen.

Vorbeugen kann hier auch Melkfett oder Vaseline, das Sie Ihrem Hund großzügig zwischen Zehen und Ballen schmieren. Diese Fette schützen ihn auch ein wenig vor dem aggressiven Streusalz, das seinen Pfoten sonst arg zusetzt. Um Schäden zu vermeiden, die dadurch entstehen können, sollten Sie, wenn Sie mit Ihrem Hund gestreute Straßen queren, zu Hause mit warmem Wasser seine Pfoten abwaschen.

▶ Baden

Hunde schätzen es, sich mit verführerischen Düften für das andere Geschlecht attraktiv zu machen. Viel-

leicht schätzen sie einen neuen, aufregenden Duft auch nur für sich persönlich und zum eigenen Vergnügen. Vielleicht wollen sie sich auch den Duft einer anderen Spezies umlegen, um – quasi mit einer olfaktorischen Tarnkappe – unerkannt durchs Reich der jagdbaren Tiere zu schleichen. Langer Rede kurzer Sinn: recht viele Hunde schwärmen für so unaussprechliche Dinge wie Schafskot in allen Stadien des Zerfalls, Menschenkot, weggeworfene Windeln, verweste Säugetiere und Fische, vergammelten Quark hinter dem Milchgeschäft und alles, was Sie sich sonst nicht vorstellen können.

Natürlich wird Ihr gehorsamer Engel kommen, wenn Sie ihn abrufen. Aber bis dahin schafft er es bestimmt, große Flächen seines Körpers einzuseifen. In solchen Fällen werden an Ihre Selbstbeherrschung, an Ihren Humor und an Ihre Fähigkeit, möglichst lange mit angehaltenem Atem neben Ihrem Hund auszuharren, enorme Anforderungen gestellt.

Helfen tut nur eine schnelle Teiloder Ganzwäsche Ihres Ferkels. Ihr Hund wird das dulden, verstehen wird er es nicht, denn für ihn war der verweste Marder, in dem er eben gebadet hat, so etwas wie eine Literflasche Ihres Lieblingsparfüms ganz umsonst, also quasi ein Vierer bis Fünfer im Lotto.

Abgesehen von solchen Situationen, in denen Ihr Liebling verständnislos die Demütigung erduldet, seinen neuen Duft übertünchen zu müssen, braucht er kein Reinigungsbad.

Außer in toten Fischen und anderem Stinkezeug wälzen viele Hunde sich auch gerne in normalem Dreck, liegen gerne in Pfützen, graben in frisch gepflügtem Ackerland – machen sich jedenfalls schmutzig. Und glauben Sie bloß nicht, das tut ein edler Rassehund nicht oder das macht Ihr süßer Kleinpudel nicht! Bei den meisten Hunden reicht es, wenn man sie kurz abrubbelt, wartet, bis sie trocken sind, sie bürstet und dann die Sand-dünen, die sich unter ihnen gebildet haben, aufkehrt. Bäder, gleich mit welch schonendem Hundeshampoo, sind immer eher schlecht für Haut und Haare, jedenfalls wird die Selbstreinigungsfähigkeit des Hundefells dadurch immer herabgesetzt. Also lassen Sie es oder beschränken Sie sich auf Abduschen mit klarem Wasser. Eine Ausnahme bilden jene Rassen, die regelmäßig zum Scheren müssen, wie zum Beispiel die Pudel.

Baden und Schwimmen in Bächen und Seen darf Ihr Hund aber bedenkenlos, wenn Sie der Wasserqualität trauen und wenn es nicht sehr kalt draußen ist, aber da wird Ihr Hund schon selbst vernünftig genug sein und nicht im Dezember in den See springen. Wenn er das nicht ist, dann seien Sie es und erlauben Sie es nicht.

▶ Allgemeine Hygiene

Sie werden sehen, Ihr Hund hat bald eine eigene Aussteuertruhe: Handtücher, Waschlappen, Decken fürs Auto und zum Schlafen, Bezüge für seine Schlafmatratze und nochmals Decken für diverse Zwecke. Kleine Hunde haben oft mehr »Aussteuer« als große. In Ihrem und in seinem Interesse sollten Sie darauf achten, dass hier besser einmal zu viel die »Wäsche« gewechselt wird als einmal zu wenig. Parasiten nisten sich dort gerne ein

und die meisten von ihnen überleben eine Tour durch die Waschmaschine nicht. Wäschewechsel ist also eine einfache Vorbeugungsmaßnahme gegen Parasiten.

Die Schlaf- und Ruheplätze Ihres Hundes im Haus sollten Sie aus dem glei-chen Grund häufig saugen und die Umgebung aufwischen.

Das war es schon: Einen Hund pflegen heißt, ihm vor allem Aufmerksamkeit zu schenken. Das bisschen Bürsten macht sich dann bei den meisten Rassen fast von allein und ist darüber hinaus Anlass für genießerischen Sozialkontakt zwischen Freunden.

▶ Pflegekalender

☐   Augen auf unnormalen Sekretfluss kontrollieren (täglich)

☐   Fell auf Parasiten insbesondere Zecken absuchen (täglich)

☐   Fell auf Verfilzungen kontrollieren und bürsten (je nach Rasse und Typ)

☐   Pfoten und Krallen kontrollieren (wöchentlich)

☐   Ohren kontrollieren (wöchentlich)

☐   Zähne (wöchentlich)

Rundum gesund

Rundum gesund

Fit wie ein Turn-schuh: Nur ein ge-sunder Hund ist so voller Lebensfreude – helfen Sie Ihrem Hund, gesund zu bleiben.

Glaubt man den Fachzeitschriften, dann leben unsere Hunde länger als ihre Vorfahren. Ganz sicher sind unsere Hunde heute besser tierärztlich versorgt als je zuvor in der Geschichte unserer Partnerschaft. Ob Hunde heute krankheitsanfälliger sind als früher oder ob wir nur mehr über ihre Krankheiten wissen und sorgfältiger auf Symptome achten, ist dabei eine ungeklärte Streitfrage.

Wichtig für Sie und für alle Hunde-halter ist allein, dass es mit unsere vornehmste Pflicht ist, die Gesundheit unserer Tiere zu fördern. Dies gilt insbesondere auch für alle Rassezuchtvereine, denn kranke Hunde leiden nicht nur selbst, sondern mit ihnen leidet immer auch ihr menschlicher Anhang. Die Gesundheit Ihres Freundes fördern heißt für Sie:

▶ richtig ernähren,
▶ richtig beschäftigen,
▶ richtig beobachten,
▶ richtig in den Sozialverband einordnen.

Wenn Sie Ihrem Hund ein schönes, ausgefülltes Leben an Ihrer Seite bieten, haben Sie schon den größten Teil des-

sen getan, was Sie persönlich für seine Gesundheit tun können. Darüber hinaus braucht es zwei Dinge: erstens Ihre Aufmerksamkeit für Ihren Hund, denn Sie kennen ihn am besten und merken schnell, wenn etwas nicht stimmt; und zweitens: die Einhaltung einiger Regeln wie Impfungen, Entwurmen und – je nach Alter – ein- bis mehrmals jährlich ein Besuch beim Tierarzt.

▶ Vorbeugen ist besser

Keine Sorge, schon nach kurzer Zeit werden Sie genau wissen, wie ein gesunder Hund aussieht: Er ist schlank, bewegungsfreudig und blickt Sie aus klaren, unternehmungslustigen Augen an. Seine Schleimhäute sind gut durchblutet, sein Fell glänzt, Augen und Nase sind sekretfrei. Ein gesunder Hund riecht nicht aus dem Fang, wenn er nicht gerade etwas Unaussprechli-ches verschlungen hat, und nicht aus dem Gehörgang. Zahnbelag und Ohrenschmalz sieht man nicht – zumindest beim jüngeren Hund. Seine normale Körpertemperatur, die Sie natürlich nicht ständig messen müssen, liegt bei 38,5 °C.

▶ Gesundheits-Check

Auch wenn Ihr Hund keine Auffälligkeiten zeigt, sollten Sie ihn regelmäßig »durchchecken«. Beginnen Sie damit beim Welpen, dann ist Ihr Hund das gewöhnt, wenn dann der Check im Alter noch nötiger und noch umfassender wird. Machen Sie aus der »Besichtigung« eine liebevolle, zärtliche Angelegenheit, und Ihr Hund wird sich auf den Check freuen.

Beginnen Sie am besten am Kopf: Ohren auf Geruch und Auflagerungen untersuchen, Augen auf übermäßige Sekretspuren und Rötungen der Bindehaut prüfen, in den Fang sehen und riechen (Beläge und Entzündungen, manchmal können auch kleine Fremdkörper zwischen den Zähnen stecken). Am Rumpf knubbeln Sie Ihrem Genie-ßer das Fell, er legt sich dabei sicher gerne hin. Schauen Sie nach Verfilzungen, vor allem aber nach Krusten, Schwellungen oder Knötchen. Mit unbemerkten Hautverletzungen ist nämlich nicht zu spaßen. Knötchen können entzündete Talgdrüsen sein, die behandelt werden müssen.

Im Bauchbereich tasten Sie bei der Hündin die Milchleiste entlang, dort können sich gutartige, leider aber auch bösartige Geschwülste bilden. Kontrollieren Sie beim Rüden die Vorhautöffnung auf übermäßige Sekretspuren. Am Hinterteil schauen Sie sich Anal- und Scheidenöffnung an. Die Pfoten und Ballen werden auf Schnitte, Rötungen (könnten Milben sein), Fremdkörper untersucht, und die Krallen kontrollieren Sie auch gleich mit. Besonders zwischen den Zehen schauen Sie nach Fremdkörpern, die sich dort manchmal im Haar verhaken und dann Schmerzen verursachen können.

Das gehört zwar nicht zum körperlichen Check up, das sollten Sie aber ebenfalls regelmäßig inspizieren: Der Kot Ihres Hundes gibt Ihnen einen wichtigen Anhaltspunkt über sein Wohlbefinden. Verändert der Kot seine Konsistenz in Richtung flüssig und breiig, ist das immer ein Zeichen, dass etwas nicht stimmt. Dauert ein solcher Zustand an, müssen Sie zum Tierarzt.

Würde meine Nessy einmal nicht augenblicklich Ihren Fressnapf leeren, wäre das für mich ein Fall, umgehend den Tierarzt aufzusuchen. Sie kennen Ihren Hund am besten, also wissen Sie auch, ob ein Verhalten normal oder ungewöhnlich ist. Wenn es ungewöhnlich ist, dann gehen Sie besser einmal zu viel als einmal zu wenig zum Tierarzt.

Achten Sie auf diese Krankheitssymptome

Fast genauso wichtig wie die körperliche Inspektion ist es, das Verhalten Ihres Hundes auf Auffälligkeiten zu beobachten.

- Zeigt Ihr Hund sich etwa uninteressiert am geliebten Spielzeug?
- Rast er nicht gleich begeistert zur Tür, wenn Sie einen Spaziergang ankündigen?
- Rutscht Ihr Hund auf dem Hinterteil durch die Gegend?
- Beleckt er häufig und ausdauernd bestimmte Körperteile?
- Schüttelt er oft den Kopf?
- Lahmt er oder hat er Probleme mit dem Aufstehen?
- Hat er Fieber?
- Erbricht er häufig, hat er Verstopfung oder Durchfall?
- Hat er starken Durst?
- Atmet er schwer oder hustet er?
- Kratzt sich der Hund häufig?
- Ist er müde und lustlos?
- Zeigt er an bestimmten Körperstellen Berührungsempfindlichkeit?
- Zeigt er an bestimmten Körperstellen Haarausfall?
- Nimmt er auffallend schnell ab oder zu?
- Lehnt er einen Leckerbissen ab?

▶ Beim Tierarzt

Oft sind Sie nervös, wenn Sie zum Tierarzt müssen. Vielleicht machen Sie sich Sorgen wegen der Diagnose. Vielleicht graut Ihnen davor, Ihren widerspenstigen Liebling ins Sprechzimmer zu bewegen. Wie auch immer, es empfiehlt sich stets, sich vorzubereiten, wenn Sie das zeitlich können.

Notieren Sie sich am besten das, was Sie fragen möchten, vielleicht vergessen Sie es sonst. Notieren oder merken Sie sich, welches Symptom Ihnen wann und wie oft bei Ihrem Hund aufgefallen ist. Ihr Tierarzt freut sich über einen gut vorbereiteten Hundebesitzer, denn sprechen können nur Sie mit ihm. Sie sind der Dolmetscher Ihres Hundes und beschleunigen die Hilfeleistung, die der Tierarzt bieten kann, damit enorm.

Wenn Ihr Hund Probleme mit dem Stuhlgang hat, bringen Sie gleich eine Kotprobe mit. Auch eine Probe des Erbrochenen kann hilfreich sein. Ihr Tierarzt gibt Ihnen bestimmt gerne praktische Probenbehälter mit.

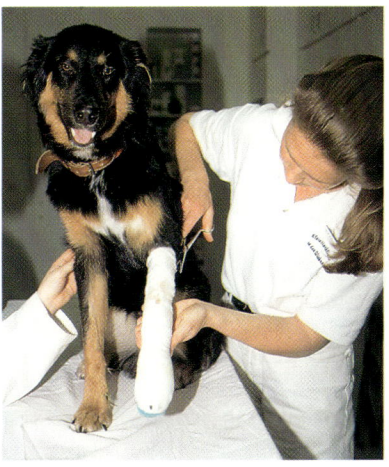

Versuchen Sie den Tierarzt zum Freund Ihres Hundes zu machen – und vieles wird leichter.

TIPP

Ihren Impfpass sollten Sie ohnehin immer dabeihaben, ganz wichtig ist er aber, wenn Sie einmal nicht zu Ihrem Haustierarzt gehen können. Bei Hündinnen sollten Sie auch stets Auskunft geben können, wenn nach dem Zeitpunkt der letzten Läufigkeit gefragt wird.

Ihr Tierarzt hilft so gut, wie er kann, und so schnell und effizient, wie Sie ihm die notwendigen Informationen liefern. Ihr Hund dankt es Ihnen, wenn Sie und Ihr Tierarzt ein gutes Team sind.

Lassen Sie sich von Ihrem Tierarzt auch einmal zeigen, wie man beim Hund Fieber misst. Das ist nicht weiter schlimm, man muss es nur einmal gezeigt bekommen und dann, wenn man es selbst macht, beherzt genug sein.

▶ Erste Hilfe

Hunde sind wie wir leider auch verletzungs- und unfallgefährdet. Wenn etwas passiert, dann passiert es meist draußen in Feld und Flur und in völliger Abgeschiedenheit. Ihr Auto ist drei

Kilometer entfernt auf dem Parkplatz und Sie sind allein. Wenn etwas passiert, ist meist Wochenende und der Dienst habende Tierarzt weit entfernt. Wenn etwas passiert, haben Sie meist keine Kompressen, keine Einwegbinden, kein Klebeband, keinen Knebel zum Abbinden und schon gar kein Band, mit dem Sie das tun können. Also suchen Sie sich einen Erste-Hilfe-Kurs, bei dem Sie lernen, wie man in realistischen Notsituationen klarkommt, wie man sich z.B. aus seinen Kleidern Hilfsmittel machen kann und wie man sie anwendet. Und lernen Sie, was man auch im Sommer, wenn es noch so heiß ist, dabeihaben sollte. Wenn nämlich der Ernstfall eintritt, nützen Ihnen die guten Ratschläge gar nichts, dass man Ruhe bewahren soll und welche Checks Sie alle machen sollen. Sie sind dann wahrscheinlich äußerst aufgeregt und haben alles vergessen. Alles bis auf die paar grundlegenden Dinge, die Ihnen ein wirklich guter Kurs vermitteln sollte.

Viele Hunde-Vereine und manchmal auch Volkshochschulen bieten in-

zwischen Erste-Hilfe-Kurse für Hundehalter an. Besuchen Sie einen – und
hoffentlich müssen Sie Ihre Kenntnis-
se dann nie anwenden.

Handy für Hunde

Handys sind nicht nur für uns
selbst praktische Kommunika-
tionsmittel. Wenn man ein
Handy dabei hat, fühlt man sich
auch beim Hundespaziergang
besser. Wenn Sie selbst oder Ihr
Hund oder Sie beide Hilfe brauchen, können Sie sie holen. Den
Luxus sollte man sich gönnen.

▶ Hausapotheke für den Hund

Im Laufe seines Lebens wird Ihr Hund
eine mehr oder weniger umfangreiche
Hausapotheke brauchen. Was dort hin-
eingehört, sagt Ihnen Ihr Tierarzt und
die Erfahrung mit Ihrem Hund nach
einiger Zeit. Bei den meisten Hunden
ist sie nicht sonderlich umfangreich,
zumindest nicht in der Jugend und im
Erwachsenenalter.

Die Einwegspritze
(ohne Kanüle) als
praktisches Hilfs-
mittel, wenn flüs-
sige Medikamente
eingegeben werden
müssen.

Als Hilfsmittel, die Sie parat halten
sollten, empfiehlt sich eine Zeckenzange, eine Schere mit abgerundeten
Spitzen, ein Beißschutz (Maulkorb oder
Maulbinde), falls Ihr Hund sich so
schwer verletzt hat, dass er um sich
beißt; ein eigenes Fieberthermometer
für Ihren Hund und eine Einwegspritze
(ohne Nadel), mit der Sie Ihrem Freund
z.B. Tropfen eingeben können.

▶ Infektionskrankheiten

Hunde können – wie wir – jede Menge
Infektionskrankheiten bekommen. Vor
allem Hunde mit einem entwickelten
Gesellschaftsleben sind vielfältigen An-
steckungsgefahren ausgesetzt. Eine gute Konstitution hilft schon, aber nicht
überall schützen natürliche Abwehr-
kräfte. Gegen einige der schlimmsten
Infektionskrankheiten kann man seinen Hund schützen: Tollwut, Staupe,
Parvovirose, Leptospirose, Hepatitis.
Die Tiermedizin hat einen Impfplan
entwickelt, an den sie sich als verant-
wortungsbewusster Hundehalter auf
jeden Fall halten sollten.

Eine Krankheit, die ganz ähnliche

Impfkalender

Alter	Impfung gegen
6–8 Wochen	Parvovirose, Zwingerhusten
8–10 Wochen	Staupe, HCC, Leptospirose
10–12 Wochen	Parvovirose, Zwingerhusten
12–14 Wochen	Staupe, HCC, Leptospirose, Tollwut
Jährliche Wiederholung	Leptospirose, Parvovirose, Zwingerhusten, Tollwut
Wiederholung alle 1–2 Jahre	Staupe, HCC

Symptome wie die Tollwut hat, nämlich Juckreiz, Hecheln, Speichelfluss, heißt deshalb auch »Pseudowut« (Aujeszkysche Krankheit). Übertragen wird der Erreger im rohen Schweinefleisch. Die Krankheit ist nicht heilbar und führt unweigerlich zum Tode. Deshalb verfüttern Sie am besten gar kein Schweinefleisch, auf keinen Fall rohes oder nicht durchgekochtes. Da die Krankheit uns Menschen nicht erfasst, müssen Fleischer auch keine entsprechenden Vorsichtsmaßnahmen treffen. Das Messer, das vorher am Schweinefleisch und danach am Rindfleisch zum Einsatz kam, kann somit todbringend für Ihren Hund werden. Also verfüttern Sie vorsorglich überhaupt kein rohes Fleisch.

»Rohes« Fleisch ist auch Mett, Hackfleisch, roher oder geräucherter Schinken, Salami usw. Achten Sie sorgfältig darauf, dass Ihr Hund keine solchen möglicherweise lebensgefährlichen Leckerchen bekommt.

Auch bei Hunden gibt es »Grippewellen«. Wenn Ihr Hund Fieber, Husten oder Schnupfen hat, wenn er Durchfall und Erbrechen hat, zögern Sie nicht, sofort zum Tierarzt zu gehen. Vor allem wenn Ihr Hund noch sehr jung ist, sollte man bei Verdacht auf eine Infektionskrankheit nicht warten.

> ### TIPP
> *Manchmal ist es keine Infektion und ganz harmlos, aber wenn Ihr Welpe Durchfall hat, ist das immer sofort ein Anlass zum Handeln. Wenn nicht nach einem Tag eine deutliche Besserung eintritt, empfiehlt sich immer der Tierarztbesuch.*

▶ Parasiten

Nicht nur wir Menschen mögen Hunde. Flöhe, Milben und Zecken tun dies auch. Wenn Ihr Hund sich auffällig und lange die Pfoten leckt, könnte es sein, dass er **Herbstgrasmilben** hat. Sie erkennen die Plagegeister als orangefarbene Auflagerungen zwischen den Zehen. Ihr Tierarzt kann mit Salben und Einreibungen helfen.

Deutlich ärgerlicher sind **Flöhe**, die Ihr Hund überall aufgabeln kann. Flöhe sind nicht nur wegen der Stiche unangenehm, sie können auch Krankheiten übertragen. Flöhe mögen manchmal auch Menschenblut, und wenn Sie

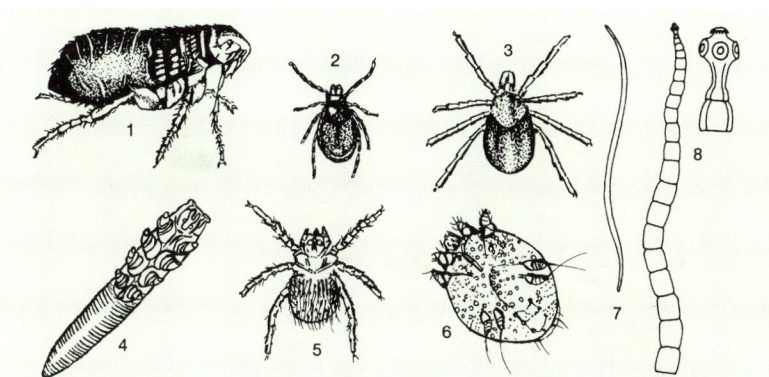

Mögliche Parasiten
1 Hundefloh
2 Zeckenmännchen
3 Zeckenweibchen
4 Haarbalgmilbe
5 Herbstgrasmilbe
6 Grabmilbe
7 Spulwurm
8 Bandwurm, Kopf
  im Detail

Pech haben, teilen Sie sich die Plagegeister mit Ihrem Hund.

Die Tiermedizin hat wirksame und einfach anzuwendende Präparate entwickelt. Für einzelne Flöhe mag noch der Flohkamm als ungiftige Bekämpfungsmethode angehen, ein richtiger Befall braucht richtige Gegenwehr. Flohbefall erkennen Sie daran, dass sich Ihr Hund kratzt, und – wenn es schon relativ schlimm ist – am Flohkot auf der Haut Ihres Hundes. Vielleicht sehen Sie sogar einen Floh.

Flöhe gehen nur zum Futtern auf ihren unfreiwilligen Wirt. Ansonsten suchen sie sich gemütliche Plätzchen zum Ruhen, zum Vermehren und zur Eiablage. Meist sind Hundebetten ideale Wohnstätten für Flöhe und deren Nachwuchs. Also halten Sie Schlaf- und Ruheplätze Ihres Hundes stets sauber. Saugen Sie dort häufig, wischen Sie feucht auf und waschen Sie seine Decken häufig. Einen Waschgang in der Maschine überlebt kein Floh.

Die **Zecke** war früher ein lästiger Parasit, ein frecher Blutsauger mit enormen Überlebenstechniken. Heute ist sie für Mensch und Tier ein Überträger gefährlicher Krankheiten. Hunde können ebenso wie wir an der von Zecken übertragenen Hirnhautentzündung erkranken und vor allem: Hunde können sich ebenfalls mit Lyme-Borreliose anstecken. Heute trägt schon ein großer Teil der Zecken den Erreger für diese gefährliche Krankheit in sich. Unerklärliche Lahmheit oder plötzlich auftretende Herzbeschwerden können Symptome sein. Rechtzeitig erkannt, hilft die Gabe von Antibiotika zuverlässig. Verkannt oder nicht erkannt, leidet Ihr Hund lange Zeit, weil man nur an den Symptomen kuriert. Folgeschäden sind

dann unausweichlich. Suchen Sie Ihren Hund also regelmäßig nach Zecken ab.

Neuerdings wird eine Zeckenimpfung für Hunde empfohlen. Die Tierärzte sind sich in der Bewertung ihrer Wirksamkeit anscheinend noch nicht einig. Beraten Sie sich mit dem Tierarzt Ihres Vertrauens über einen vorbeugenden Zeckenschutz, der auf Ihren Hund und auf Ihre Lebensumstände zugeschnitten ist, und beobachten Sie verdächtige Symptome.

Es gibt jedes Jahr neue Empfehlungen, wie man eine Zecke am unschädlichsten entfernt. Die Zecke muss raus, und zwar möglichst schnell und vollständig. Das scheint den meisten Menschen am besten mit der Zeckenzange zu gelingen. Versuchen Sie die Technik, die Ihnen am besten gelingt – und dann raus mit dem gefährlichen Parasiten.

Würmer sind ebenso unerwünschte und teilweise noch gefährlichere Kostgänger als Flöhe. Sie schwächen den Organismus Ihres Hundes und machen ihn anfällig gegen Krankheiten, und einige Würmer sind leider auch auf den Menschen übertragbar. Regelmäßige Wurmkuren bieten einen zuverlässigen Schutz. Die Tiermedizin hat hier ebenfalls eine Menge Hilfe zu bieten. Ihr Tierarzt wird Ihnen den Rhythmus der Kuren und das Präparat empfehlen, die am besten zu Ihrem Tier und zu Ihrer Familie passt.

▶ Rassetypische Krankheiten

Die Rassezuchtvereine beobachten ihre Tiere sehr genau. Einige Rassen zeigen Neigungen zu bestimmten Krankheiten, und die Vereine sind in aller Regel bemüht, diese zu bekämpfen und durch geeignete züchterische Maßnahmen auszuschließen.

Mit einer Zeckenzange kann man den Plagegeist ganz vorn am Kopf packen und herausziehen.

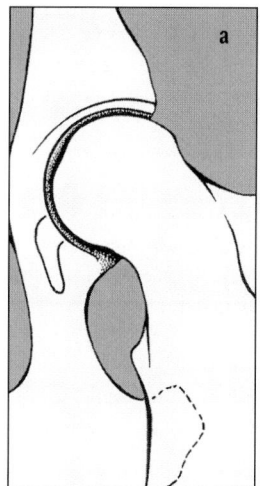 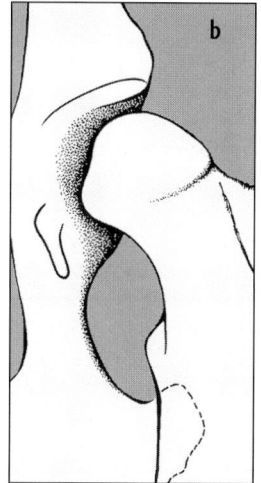 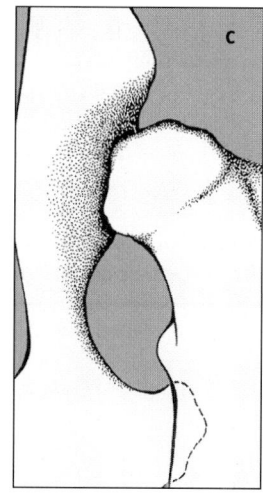

Hüftgelenks-
dysplasie
a normales Hüft-
gelenk
b mittlere HD
c schwere HD

Jeder, der sich für einen größeren Hund interessiert, kennt zum Beispiel die gefürchtete **Hüftgelenksdysplasie**. Von HD spricht man dann, wenn das Hüftgelenk des Hundes nicht korrekt ausgebildet ist, das heißt, wenn Gelenkpfanne und Oberschenkelkopf nicht richtig zusammenpassen. Dies ist eine Erbkrankheit, die man bei Mischlingen ebenfalls häufig antrifft. Die HD ist ein Beispiel dafür, wie ernst die züchterischen Bemühungen um die Gesundheit einer Rasse gemeint sind. Dort, wo Vereine sich bemühen, sind beachtliche Fortschritte erzielt worden.

Machen Sie sich also kundig, wenn Sie sich für eine bestimmte Rasse interessieren, welche Krankheiten dort häufiger auftreten und wie weit deren Bekämpfung gediehen ist. Ein Hund, der nicht oder nur unter Schmerzen laufen kann, der nichts hört oder der früh erblindet, ein Hund der epileptische Anfälle hat oder Allergiker ist, hat nur eine begrenzte Lebensqualität – und Sie dann mit ihm auch. Es ist schlimm, wenn Ihr Rassehund oder Ihr Mischling eine solche dramatische gesundheitliche Beeinträchtigung entwickelt. Schlimmer ist, wenn er sie deshalb entwickelt, weil keine sorgfältige, auf Gesundheit gerichtete Zuchtauswahl erfolgt ist. Schon allein deshalb sollten Sie nur von seriösen Züchtern kaufen und bei Mischlingen – soweit das überhaupt möglich ist – die Eltern genau kennen.

▶ Magendrehung

Die Magendrehung kann vor allem große Hunde treffen. Glücklicherweise hört man heute nicht mehr sehr oft davon, weil die Hundehalter vorbeugen. Aber die Magendrehung kann vorkommen und Sie müssen sie kennen. Die Magendrehung ist ein akuter Notfall, Sie müssen die Symptome erkennen und sofort tierärztliche Hilfe suchen, denn nur eine sofortige Operation kann Ihren Hund retten.

Bei der Magendrehung verändert der gefüllte Magen seine Lage. Ein- und Ausgang werden dabei quasi abgeschnürt. Die jetzt entstehenden Gase blähen den Magen wie einen Ballon auf, bis die Blutgefäße abgedrückt werden, die Atmung erschwert wird und es zu einem lebensbedrohlichen Kreislaufversagen kommt.

Die Symptome sind recht eindeutig: Ihr Hund ist unruhig, er versucht vergeblich, sich zu erbrechen, sein aufgegaster Magen sieht wie eine riesige harte Kugel aus. Falls sein Kreislauf schon beeinträchtigt ist, erkennen Sie es an den blassen Schleimhäuten.

Vorbeugen kann man, indem man auch den erwachsenen Hund zweimal am Tag füttert und ihn nach seinen Mahlzeiten nicht herumtoben lässt. Auch die Magendrehung scheint in bestimmten Linien gehäuft aufzutreten.

▶ Läufigkeit und Zyklusstörungen

Hündinnen werden bekanntlich **läufig**. Meist zweimal im Jahr, aber nicht immer im oft genannten Abstand von sechs Monaten. Manche Hündinnen werden auch in größeren Abständen läufig, kleine Hündinnen manchmal in kürzeren.

Die Läufigkeit ist natürlich keine Krankheit, sondern das Gegenteil, obwohl viele sich wegen der Läufigkeit gegen eine Hündin entscheiden. Eine Entscheidung, die ich nicht verstehen kann, denn die Läufigkeit ist in keinerlei Hinsicht ein Problem, wenn man nicht gerade einen aktiven Rüden im Haus hat.

Im Zusammenhang mit der Läufigkeit kann es aber zu Störungen kommen, die Sie kennen sollten. Manche Hündinnen neigen zur **Scheinträchtigkeit**. Das bedeutet, die Hündin zeigt das Verhalten einer trächtigen Hündin bzw. einer Hündin nach der Geburt.

▶ Läufigkeitsdiagramm

Tag
5   Scham beginnt anzuschwellen
4
3
2
1   großer Appetit, sehr anhänglich

1   ⎫   rot
2   ⎪
3   ⎪
4   ⎪   hellrot
5   ⎬ Ausfluss
6   ⎪   rosa
7   ⎪
8   ⎪
9   ⎭   farblos

10   ⎫
11   ⎪
12   ⎬ in der Regel bester
13   ⎪ Decktermin

14   ⎫ während dieser Zeit-
15   ⎬ spanne wird der Rüde
16   ⎪ von der Hündin am
17   ⎭ besten angenommen

18   ⎫ Hündin lehnt den Rüden
19   ⎬ ab; in seltenen Fällen
20   ⎭ aber auch noch am 21. Tag
        Befruchtung möglich

21

Das kommt daher, dass in den Eierstöcken die Gelbkörper nicht zurückgebildet werden und so zu einer hormonellen Störung führen.

Es scheint eine familiäre Veranlagung dafür maßgeblich zu sein. In leichten Fällen gelingt es mit Arbeit, Ablenkung und viel Spiel, die Angelegenheit zu beenden.

Wenn die körperlichen Symptome aber gravierend sind (Milchproduktion, Entzündungen etc.), braucht Ihre Hündin tierärztliche Hilfe. In ganz schlimmen Fällen ist manchmal eine Totaloperation angezeigt.

Auch die gefürchtete **Gebärmutterentzündung** ist eine Folge von Hormonstörungen. Die Schleimhaut der Gebärmutter ist unter dem Einfluss der Eierstockhormone verdickt und Bakterien können sich dort ansiedeln. Bei geschlossenem Muttermund kann es dann bei einer Infektion mit Bakterien zu einer großen Ansammlung von Eiter in der Gebärmutter kommen.

Sie erkennen die Gebärmutterentzündung daran, dass meist drei bis acht Wochen nach der Läufigkeit die Hündin matt wird, vermehrt Durst hat. Wenn der Muttermund geöffnet ist, kann eitriger Scheidenausfluss austreten, ist er geschlossen, kommt es zur Umfangsvermehrung des Bauches. Manchmal zeigt die Hündin auch Probleme beim Hinsetzen oder Aufstehen.

Sie müssen sofort zum Tierarzt. Er entscheidet, ob er noch medikamentös helfen kann oder ob er eine Totaloperation vornehmen muss. Züchten sollte man mit einer solchen Hündin ohnehin nicht.

▶ Naturheilkundliche Therapien

Naturheilverfahren werden in der Tiermedizin heute vermehrt eingesetzt. Homöopathie und Methoden der traditionellen chinesischen Medizin sind heute fast schon Standard. Es gibt ganz ausgezeichnete Fachbücher, die verständlich in Naturheilverfahren für Tiere, in Homöopathie und Bach-Blütentherapie einführen.

An dieser Stelle möchte ich vor allem auf ein Buch hinweisen, das den so genannten TTouch beschreibt. Das ist eine Methode des Umgangs mit Tieren, die die Amerikanerin Linda Tellington-Jones in Anlehnung an Moshe Feldenkrais zunächst für die Arbeit mit geschundenen Pferden entwickelt hat. Durch Berührungen (Touches), die in einer bestimmten Form ausgeführt werden, und durch ungewohnte Bewegungen sollen neue Nervenbahnen und Gehirnzellen aktiviert werden.

Die Tiere werden meist ruhiger, Stress wird abgebaut, das Vertrauen und die Intelligenz des Tieres werden gefördert. Und was auf jeden Fall entsteht, ist eine bessere, tiefere Beziehung zwischen Mensch und Tier. Bei verängstigten, verhaltensauffälligen Tieren hat diese Methode nachweislich zu ganz ausgezeichneten Erfolgen geführt. Bei Ihrem netten Haushund ist sie Mittel zur Beziehungspflege und Hilfe bei kleineren Wehwehchen. Die Lektüre des Buches und der Besuch eines TTouch-Kurses empfehlen sich auf jeden Fall (Seite 117).

▶ Altern ist keine Krankheit

Hunde – auch Hunde der großen Rassen – werden erfreulicherweise immer älter. Der Ururopa meiner Hovawarthündin Nessy wurde über 17 Jahre alt. Ich kenne viele Hovawarte, die 13 und 14 Jahre alt sind.

Das Alter Ihres Hundes ist nichts, vor dem Sie sich fürchten müssen, es ist ein ganz zauberhafter gemeinsamer Lebensabschnitt. Gemütlicher geht es zu, und Sie können vieles lockerer angehen, müssen es auch, denn Hunde kön-

Alte Liebe rostet nicht – das Alter kann einer der schönsten gemeinsamen Lebensabschnitte mit Ihrem Hund werden.

nen einen beeindruckenden Altersstarrsinn entwickeln. Zauberhaft an diesem Abschnitt ist aber die gegenseitige Vertrautheit und das wortlose Verstehen.

Alter ist keine Krankheit, aber im Alter können verschiedene Krankheiten auftreten und einige Verschleißerscheinungen zu Beschwerden führen.

Leider erkranken unsere Hunde ebenso wie wir an Krebs, vornehmlich die älteren Tiere. Ältere Hunde zeigen häufiger als junge Hautveränderungen, Warzenbildung oder Haarausfall, verstopfte Talgdrüsen und gutartige Tumore.

Bei älteren Hündinnen kann es zu Unregelmäßigkeiten bei der Läufigkeit kommen und manchmal infolgedessen zu Gebärmutterentzündungen und Gebärmuttervereiterungen. Alte Rüden können unter Prostatavergrößerungen (auch bösartigen) leiden.

Zähne und Zahnfleisch bedürfen Ihrer erhöhten Aufmerksamkeit.

Die Linsen der treuen Hundeaugen trüben sich ein. Viele alte Hunde bekommen den Grauen Star, mit dem sie aber lange Zeit gut leben können.

Alte Hunde können anfällig für Blasen- und Nierenstörungen sein: achten Sie auf die entsprechenden Symptome. Auch Inkontinenz kann vorkommen, wie bei uns, oft helfen aber Medikamente recht gut. Alte Hunde hören manchmal schlechter oder tun so: Der beste Hörtest ist meist das Öffnen der Kühlschranktür, während Ihr Hund im Wohnzimmer ist. Sie werden staunen, wie schnell das alte Schlitzohr in der Küche steht.

Altern heißt bei Hunden und bei Menschen, dass die Anpassungsfähigkeit an Temperaturveränderungen nachlässt. Man braucht länger, um sich auf Wärme und Kälte einzustellen, das

müssen Sie beachten. Das alte Herz braucht fast immer etwas Stärkung und die Aufmerksamkeit des Tierarztes.

Verschleißerscheinungen am Bewegungsapparat machen sich bemerkbar, manchmal schmerzhaft, auch dann muss der Tierarzt helfen.

Die Fellpflege ist bei langhaarigen Hunden nicht mehr so einfach und wird oft nicht mehr so lustvoll geduldet wie früher.

Wenn Sie Ihrem Hund im Alter einfach der Freund und fürsorgliche Leithund bleiben, der Sie immer für ihn waren, brauchen Sie sich nicht vor diesem Lebensabschnitt zu fürchten, sondern Sie dürfen ihn quasi als die Erntezeit einer gemeinsamen Arbeit erleben.

Zu Recht fürchten müssen Sie nur den Abschied von Ihrem Freund. Der Verlust eines Hundes ist immer eine Tragödie. Der Schmerz ist groß. Unser Recht und unsere Pflicht, im Ernstfall dafür zu sorgen, dass unser Freund friedlich in die ewigen Jagdgründe wechselt, ist für viele ein Trauma, auch wenn man vernunftgemäß weiß, dass die Entscheidung für das Einschläfern tiergerecht und wohlgetan war. Vor diesem letzten großen Schmerz kann niemand Sie bewahren. Vermeiden können Sie ihn nur, wenn Sie erst gar keinen Hund zu sich nehmen. Aber damit würden Sie eine der großartigsten Erfahrungen versäumen, die wir Menschen machen können: die Liebesgeschichte zwischen Hund und Mensch, zwischen zwei Arten, die Konkurrenten waren und Freunde wurden. Freuen Sie sich auf ein langes, schönes gemeinsames Leben mit Ihrem Hund und ehren Sie ihn, wenn er geht, dadurch, dass Sie wieder einen Hund zu sich nehmen.

Erziehung leicht gemacht

Erziehung leicht gemacht

▶ Wozu Erziehung?

Viele Hundefreunde meinen, dass es ihr Hund vor allem gut haben soll: kein ständiges Genörgele, kein Kasernenhofdrill, kein zackiger Gehorsam. Partnerschaftlich soll die Beziehung sein. Der Hund soll seine Menschen lieben, nicht fürchten.

Das sind alles sehr sympathische Einstellungen, aber Hunde, gleich welcher Größe, sind keine »Demokraten«. Wenn Sie Ihrem Hund ein schönes Leben bieten wollen, dann versuchen Sie vor allem, ihm ein möglichst hundegerechtes Leben zu bieten!

Ihr Welpe würde sich als Nachfolger für seine in Erziehungsfragen hoch qualifizierte Frau Mama vor allem einen tollen Chef wünschen. Natürlich würde er sich keinen Chef wünschen, wie er in vergangenen Zeiten bei den Menschen häufig war: herrisch, unberechenbar, wechselhaft, Angst einflößend, schmerzhafte Strafen verteilend und gedankenlose Unterwerfung fordernd. Hunde wollen moderne, leistungsfähige Chefs: menschliche Leithunde, die klug und vorausschauend sind, mutig und vorsichtig, überlegen, aber nicht arrogant, Respekt einflößend, aber nicht Angst machend, Chefs, die einfach alles besser wissen und bei denen man gut daran tut, sich an ihnen zu orientieren.

Werden Sie das Vorbild Ihres Hundes, und er wird Sie verehren. Seien Sie der coole, überlegene Leithund, der

Gruppenarbeit im Verein ist eine ganz ausgezeichnete Übung für Ihren Hund; Sie sollten die Gelegenheit nutzen.

sich seines Ranges bewusst ist, der dem Jungtier gegenüber freundlich überlegen ist. Ein Chef, der es kaum nötig hat zu imponieren. Der aber, wenn es nötig ist, schnell, konsequent und wirksam schlechtes Benehmen korrigiert. Seien Sie ein toller Chef, der seinen Hund auch »mitarbeiten« lässt. Denn auch für Hunde gilt, dass Müßiggang aller Laster Anfang ist. Ich mache Ihnen in diesem Kapitel Vorschläge, wie Sie so ein guter Chef werden können.

▶ Früh übt sich...

Schieben Sie den Beginn von Erziehung und Ausbildung nicht auf irgendeinen späteren Zeitpunkt im Leben Ihres Hundes hinaus. Erziehung beginnt sofort, wenn Ihr Welpe bei Ihnen ist. Er ist in der Prägephase: Jetzt ist er extrem aufnahmefähig und lernwillig. Wenn Sie seinen Lernprozess nicht von Anfang an steuern und gestalten, lernt Klein-Einstein natürlich trotzdem, aber viel Unerwünschtes, das Sie ihm dann später wieder mühsam abgewöhnen müssen. Noch ist es einfach, sein Verhalten in die Richtung zu lenken, die Sie sich vorstellen.

Alle Ratschläge und Tipps im Folgenden sind für Welpen geschrieben, lassen sich aber sinngemäß natürlich auch für den erwachsenen Hund anwenden, den Sie sich ins Haus geholt haben.

▶ So lernt Ihr Hund

Zunächst sollten Sie sich klarmachen, dass ein Hund erst einmal Ihre Sprache lernen muss. Stellen Sie sich vor, Sie wären in China und jemand würde Ihnen – zunächst nett, später zunehmend laut und ungehalten, mit drohender Haltung – einen Schwall völlig

Das Ziel der Erziehung

Im Prinzip ist das Ziel jeder Erziehung Ihres Hundes, dass Sie beide ein gutes **Team** werden. Ein Team, in dem sich jeder auf den anderen verlassen kann, so wie sich das eben gehört.

Im Prinzip sollte es für Ihren Hund **nichts Wichtigeres** geben als Sie, seinen Leithund und Lieblingsmenschen.

Im Prinzip können Sie sich, falls Ihr Hund mal abgelenkt sein sollte, stets für ihn so **interessant machen**, dass er alles liegen und stehen lässt, um zu Ihnen zu kommen.

Im Prinzip ist jegliche Lernarbeit **Beziehungsarbeit**. Dabei ist es egal, ob Ihr Schulfach »Sitz« heißt oder etwas weniger lebenspraktisch »Gib Küsschen!«. Sind Sie ein guter Lehrer, wird Ihre Beziehung zueinander vertieft und gefestigt. Sind Sie schlecht, verlieren Sie die Anerkennung und die Zuneigung Ihres Hundes.

unverständlicher Vokabeln entgegenschleudern. Keine einzige Vokabel kommt Ihnen irgendwie bekannt vor. Sie sind fremd dort, zu Gast, kennen die Sitten und Gebräuche nicht. Es ist verständlich, dass Sie allmählich in Panik geraten und sich vor Angst möglicherweise noch unangemessener verhalten. Erst wenn man Ihnen mit Gesten deutlich macht, dass Sie doch bitte das Restaurant verlassen sollen, weil heute wohl Ruhetag ist, folgen Sie erleichtert und erlöst den Wünschen des Personals.

Denken Sie bitte an das Beispiel, wenn Sie einem jungen Hund etwas verdeutlichen wollen. Langwierige Erklärungen kann er nicht verstehen; entweder sie machen ihn unsicher oder aber er ignoriert sie. Also bitte nicht umständlich erklären. Ihr Hund hört nur: »Setzdichdochendlichhinwennich sitzsagearkoeskanndochnichtsoschwerseinsetztdudichjetztendlich!?«

Sagen Sie das Wort oder – wie die Hundetrainer sagen – das Hörzeichen in dem Moment, in dem der Kleine eine erwünschte Handlung macht, und loben Sie ihn. Setzt er sich, dann sagen Sie: »Siiiitz! So ist es brav!« und loben Ihren Welpen gleich auch körperlich.

Das Lernen Ihres Welpen funktioniert nach einem einfachen Prinzip: Er ordnet die Erfahrungen, die er macht, in die Schubladen »tut mir gut« oder »tut mir nicht gut« ein. Sorgen Sie deshalb dafür, dass erwünschtes Verhalten immer »belohnt« wird. Setzt der Welpe sich auf Ihren Wunsch, dann zeigen Sie ihm deutlich Ihre Zufriedenheit. Nicht nur schnell mal »braver Hund« vor sich hin murmeln. Wenn Ihr Welpe etwas recht macht, dann wird er mit hoher, begeisterter Stimme bestätigt, dann können Sie ein bisschen mit ihm spielen, Sie können ihn auch ab und zu mit winzigen Futterbröckchen belohnen.

Die Belohnung mit Futter ist sehr effektiv, aber es sollten ganz kleine »Brösel« sein. Belohnen sollte nicht in eine Mahlzeit ausarten und außerdem sollten die Belohnungsstückchen natürlich in die tägliche Futterration mit eingerechnet werden.

Wichtig ist jedenfalls, dass Ihr Welpe es merkt, wenn er etwas richtig gemacht hat.

> **TIPP**
>
> *Richtig bestätigen und richtig korrigieren ist das Geheimnis jeder erfolgreichen Hundeerziehung. Ganz wichtig dabei ist der richtige Zeitpunkt der Bestätigung bzw. der Korrektur. Beides, so sagen Hundeforscher, muss unmittelbar nach der Handlung erfolgen, spätestens innerhalb von drei Sekunden.*

(Fast) jeder weiß inzwischen, dass es nichts bringt, wenn man einen Hund ausschimpft, wenn er in unserer Abwesenheit zum Beispiel den Napfkuchen für den Nachmittagskaffee gefressen hat. Der Hund bezieht den Tadel nicht auf die Schandtat, sondern darauf, dass Sie gerade heimkommen. Er »denkt«: »Aufpassen, wenn das Alttier heimkommt, gibt es Ärger.« Er ist verunsichert, weil er sich nicht vorstellen kann, weswegen er eigentlich getadelt wurde. Er wird künftig ausweichen, wenn Sie heimkommen.

GUT VERKNÜPFT HÄLT EWIG ▶

Klappt das Timimg, dann verknüpft Ihr Welpe ein bestimmtes Verhalten mit einer bestimmten positiven oder negativen Konsequenz. Verknüpfen nennen Kynologen dies, um zu verdeutlichen, dass ein solcher Lernprozess fest verankert ist.

Verknüpfen findet auch immer dann statt, wenn Sie Ihrem Welpen ein Wort zur Tat beibringen, also all die Hörzeichen, die ein Hund kennen sollte: Sitz, Platz, Fuß usw. Hat diese Verknüpfung richtig stattgefunden, hält sie ein Hundeleben lang. Trotzdem werden Sie die Hörzeichen regelmäßig üben, damit der Hund sie nicht »vergisst«.

FALSCHES LOB VERMEIDEN ▶ Achten Sie beim Loben Ihres Welpen auch immer darauf, dass Sie nicht »falsch« loben. Sie können dadurch geradezu ein Verhalten trainieren, das Sie eigentlich abgewöhnen oder verhindern wollten.

Ein häufiges Beispiel ist, dass Hundeanfänger ihrem Welpen die Angst vor anderen Hunden geradezu beibringen. Wie das geht? Einfach durch falsches Loben/Bestätigen, und zwar so: Ihr Welpe trifft einige andere, vielleicht erwachsene Hunde, die sehr selbstbewusst, aber freundlich auf ihn zugehen. Vielleicht ist Ihr Welpe jetzt beeindruckt, er sucht ihre Nähe, schmiegt sich an Sie. Natürlich wollen Sie jetzt Ihren Kleinen trösten, Sie nehmen ihn eventuell auf den Arm und sagen: »Keine Angst, Putzilein, das sind gaaaanz liebe Hundchen!« Das ist womöglich der Start in eine Karriere als Angstbeißer oder Angreifer. Warum? Weil der Welpe für sein ängstliches Verhalten belohnt wurde. Sie haben ihn nicht getröstet, sondern Sie haben sein ängstliches Verhalten bestätigt. Machen Sie das öfter, lernt der Hund, dass Angst die richtige Reaktion ist, wenn sich andere Vierbeiner nähern. Sie trainieren ihn auf problematisches Sozialverhalten.

Ängstliches Verhalten dürfen Sie also nie bestätigen oder durch Ihr verständliches Bedürfnis zum Trösten belohnen. Wenn Ihr Welpe beim Autofahren wimmert, wenn er jammernd versucht, sich einer tierärztlichen Inspektion zu entziehen, dann »trösten« Sie ihn nicht! Zeigen Sie Ihre Verwunderung oder Ihr Befremden oder ignorieren Sie sein Verhalten, sonst haben Sie ein Hundeleben lang Ärger im Auto und beim Tierarzt.

Überlegen Sie also genau, was Sie tun – besonders dann, wenn es um möglicherweise falsches Loben geht. Murmeln Sie keine tröstenden beschwörenden Worte auf Ihren Welpen ein, wenn er vor einem Gegenstand oder einem ungewohnten Bodenbelag ängstlich reagiert. Zeigen Sie Ihrem Welpen, dass es absolut lächerlich ist, eine Gittertreppe nicht zu betreten – Sie, das absolute Vorbild Ihres Hasenfußes machen das schließlich auch! Ihr Welpe folgt Ihnen, wenn er Ihnen vertraut, auch über Gitterroste und auch an das Reiterdenkmal von Kaiser Wilhelm, das am Marktplatz so Furcht erregend aufragt. Eine für den Welpen bedrohliche Situation »richtig auflösen«, sagen die Hundeausbilder dazu. Also nicht Angst bestätigen, sondern ignorieren und zeigen, dass das Angst auslösende Objekt harmlos ist. Nehmen Sie sich Zeit, verschieben Sie die Auflösung dieser Angst machenden Situation nicht auf später, sonst haben Sie damit später nämlich entschieden mehr Arbeit.

So sieht ein Hund aus, der droht. Erziehen Sie Ihren Hund so, dass von ihm keine Gefahr für Menschen und Tiere ausgeht.

▶ Richtig korrigieren

Vielleicht stellen Sie sich jetzt vor, dass es bei einem Welpen wichtiger ist, Dinge zu verbieten als zu loben. Das stimmt aber nur bedingt. Aber für das Korrigieren gilt ganz genau das Gleiche wie für das Bestätigen: Der Zeitpunkt muss absolut richtig sein, also nur dann korrigieren, wenn die Schandtat passiert. Alle Untaten, die nicht in flagranti geahndet werden, sind verjährt. Es macht keinen Sinn, später zu »strafen«, weil der Hund die Strafe nicht mehr mit der Untat verbinden kann.

Zwei Formen der Korrektur müssen wir unterscheiden. Einmal die Fehler, die ein Hund zum Beispiel beim Lernen einer Übung macht. Hier korrigieren wir vorsichtig und sanft. Schließlich kann man nur lernen, wenn man nicht durch Angst abgelenkt wird. Im Folgenden sprechen wir aber von solchen Korrekturen – manche nennen es »Tabus setzen« –, die wir bei Verhalten einsetzen, das wir nicht wünschen oder das für unseren Welpen gefährlich ist.

Auch hier muss man lernen, richtig zu korrigieren. Am wirkungsvollsten erfolgt eine Korrektur immer dann, wenn der Welpe nicht merkt, dass Sie korrigieren, sondern die Strafe praktisch vom Himmel fällt. Ihrer Fantasie beim Austüfteln solcher »Abschreckungsmaßnahmen« sind keine Grenzen gesetzt, wenn es darum geht, wie Sie Ihrem kleinen Piranha etwas vermiesen: zum Beispiel Tapeten nagen, Stuhlbeine knabbern, Schuhe zerlegen, Gummibaum fällen, Sofakissen aufschlitzen, Zeugnishefte einer gesamten Schulklasse häckseln, Kaffeetafel abräumen, die gesamte Post eines Tages schreddern (bevor sie jemand gelesen hat), Rehbraten entsorgen usw.

Versuchen Sie also möglichst viele Schandtaten von der »Umwelt« (Geräusche, Gerüche, Wasser usw.) bestrafen zu lassen. Wenn Ihr Welpe dann zu Ihnen rennt, zeigen Sie sich neutral, vielleicht befremdet, aber trösten Sie ihn nicht – Sie wissen schon, sonst lernt er wieder etwas Falsches!

▶ Nein! Lass das!

Manche Dinge müssen Sie aber schon persönlich und deutlich korrigieren. Ihr Ziel sollte sein, dass Ihr Welpe lernt, wenn das Hörzeichen »Nein!« kommt, lasse ich besser ganz schnell von meinem Vorhaben ab.

Schauen wir, wie Hundeeltern Ihren Nachwuchs korrigieren, dann haben wir schon alles, was wir brauchen.

Erst mal gibt es wie beim Fußball die gelbe Karte: ein dumpfes Grollen warnt den Sprössling. Meist genügt das schon, und nur die ganz Frechen brauchen etwas mehr Nachdruck. Unser »dumpfes Grollen« ist ein drohendes »NEIN«.

Reagiert unser kleiner Freund nicht, machen wir wirklich kurzen Prozess: Wir packen ihn am Nackenfell, heben ihn hoch und starren ihm wütend in die Augen: »NEIN!«.

▶ Nackenschütteln

Das immer noch oft empfohlene Nackenschütteln ist tierquälerisch, denn es ist eine Handlung, mit der Hunde bzw. Wölfe die Beute tot schütteln. Kein Alttier setzt einen Welpen so einer Todesangst aus. Sie sollten das auch nicht tun, auch wenn ein selbst ernannter Hundetrainer es Ihnen noch so sehr empfiehlt.

Also packen Sie ihn dort, wo Frau Mama ihn schon am Wickel hatte, und zeigen Sie Ihren Unwillen. Ganz renitente Burschen kann man – zumindest solange sie Welpen sind – auch mal schnell in die Rückenlage bringen. Wieder wird der Frechdachs von uns dominantem Alttier angestarrt. Wenn er wegschaut und damit seinen niedrigeren Rang anerkennt, ist er entlassen.

Der Wurf in die Rückenlage ist ein sehr dominantes Korrigieren. Sie sollten das äußerst sparsam einsetzen, sonst entwerten Sie es und Ihr Welpe wird sich schon mal hinwerfen und hoffen, dass die Show damit schneller vorübergeht. Also seien Sie damit vorsichtig: Bei meiner Nessy habe ich den Rückenwurf noch nie gemacht, und jetzt ist sie drei Jahre alt.

Auch der Griff über die Schnauze wird in der modernen Literatur als artgerechte Dominanzgeste empfohlen. Diese Geste ist bei Hunden abgeschaut: dominante Tiere nehmen die Schnauze untergeordneter Rudelmitglieder öfter in den eigenen Fang. Jungtiere provozieren diese Geste manchmal geradezu, indem sie ihre Schnauze in den Fang der dominanteren Tiere bohren. Diese Geste ist nicht eigentlich eine

Strafaktion, sondern eher ein gelegentlicher Hinweis auf die Rangfolge. Wir können uns das zunutze machen, indem wir uns ähnlich verhalten. Unsere Hand wird dabei stellvertretend zum Fang des dominanten Alttieres. Wir schließen sie über der Schnauze unseres Welpen und er bekommt so hoffentlich noch einmal unterstrichen, wer das Sagen hat.

Wie und wofür auch immer Sie bestraft oder korrigiert haben: Bleiben Sie dabei bitte cool. Danach ist die Angelegenheit für Sie sofort erledigt und Sie gehen zur Tagesordnung über. Auch das können wir von Hunden lernen. Gekreische, Getue, nachtragend sein, beleidigt sein und ewiges Genörgel sind in Hundekreisen (und auch in menschlichen Wirtschaftsunternehmen) nicht erwünscht: das sind Zeichen mangelnder Führungsqualifikation und ist außerdem unproduktiv.

▶ (Rang-)Ordnung muss sein

Sie sind vielleicht kein Führungstyp, aber zu Ihrer Leitungsaufgabe sollten Sie schon stehen.

In diesem Kapitel erhalten Sie viele Ratschläge dazu, wie Sie Ihren höheren Rang auch im normalen Alltag ganz nebenbei, aber wirksam demonstrieren können. Alle Hunde achten nämlich mindestens so streng auf Etikette wie die strenge Tante, die jeder von uns kennt.

Wenn Sie in folgenden Situationen Ihren Rang richtig demonstrieren, lernt Ihr Hund, dass er Respekt zeigen muss. Beim Welpen sollten Sie stets auf Gehorsam und Respekt bestehen, auch wenn er noch so klein, so süß und so unschuldig ist. Ihr Welpe ist nämlich ein scharfsinniger und brillanter Beo-

Die Golden-Retriever-Hündin zeigt es uns: so macht man den »Über-die-Schnauze-Griff« als Ranghöherer. Sie können natürlich Ihre Hand benutzen!

bachter. Wenn er zum Beispiel erst *nach* Ihnen futtern darf, ist das für ihn die normalste Sache der Welt. Füttern Sie ihn – nett und fürsorglich wie Sie sind –, bevor Sie selbst essen, wird er Ihnen das vielleicht als Führungsschwäche auslegen, weil Sie nicht auf Ihrem Recht bestehen. Er würde an Ihrer Stelle auf jeden Fall zuerst fressen.

Also versuchen Sie, im Hunde-Sinne Boss zu sein, und Sie haben es gerade mit einem später recht dominanten Hund deutlich leichter. Und dominantes Verhalten ist nicht nur bei großen Hunden ein Ärgernis.

▶ Das erwartet Ihr Welpe

Essen: Sie essen stets zuerst, falls Sie den Welpen zu Ihren Essenszeiten füttern wollen. Er wartet, bis der »Leithund« satt ist, dann bekommt er die »Reste«. Selbstverständlich geben Sie ihm nicht die Reste Ihrer Mahlzeit, sondern sein Futter. Für Ihren Welpen

ist das der eigentlich normale Vorgang. Jede Mahlzeit zeigt ihm also wieder, wo sein Platz in der Rangordnung des Rudels ist. Nutzen Sie diese Lernmöglichkeit.

Nehmen Sie Ihrem Welpen ruhig ab und zu kurz seine Futterschüssel oder seinen Büffelhautknochen weg. Wenn er das respektvoll duldet, bekommt er Futter oder Knochen gleich wieder. Wenn nicht, bekommt er Ärger. Aber lassen Sie diese Übung nie Ihre Kinder machen. Das ist kein Spiel, sondern eine Rangdemonstration – und die machen Sie und sonst niemand.

Platz da: Wenn Sie kommen, muss Ihr Hund den Weg freimachen, auch wenn der Flur, auf dem er es sich gerade gemütlich gemacht hat, Platz für beide bietet, oder auch dann, wenn Sie sportlich genug wären, um über ihn weg zu hüpfen.

Spazieren gehen: Sie bestimmen, wohin der Spaziergang führt. Zeigen Sie auch hier Ihrem Hund Ihren Rang:

Gruppenarbeit diesmal mit Menschen, die der Hund friedlich passieren soll – auch diese nützlichen Trainingsmöglichkeiten bieten Vereine und Hundeschulen.

geht er bei der Wegkreuzung links, biegen Sie rechts ab. Sie können zwar auch mal ihm folgen, sollten aber meist deutlich machen, dass Sie über Art und Zeitpunkt des Richtungswechsels entscheiden.

Türen: Sie gehen stets zuerst durch Türen jeder Art (Haus, Gaststätte, Geschäft, Garten usw.). Neben der Rangdemonstration hat diese Gewohnheit auch den angenehmen Nebeneffekt, dass Sie nicht zu denjenigen Hundebesitzern gehören, die hinter ihrem Hund in eine Gaststätte stolpern und Anlass für die Belustigung der Anwesenden sind. Und aus der Haustür auf die Straße rennt ein so erzogener Hund natürlich auch nicht.

Spielen: Sie bestimmen den Beginn und vor allem auch das Ende des Spiels. Auch wenn Ihr Welpe noch so goldige Spielaufforderungen macht – verkneifen Sie Ihre Lust, ihm zu folgen. Zeigen Sie sich etwas blasiert oder gelangweilt und beginnen Sie selbst daraufhin zwei, drei Minuten später das Spiel. Er lernt, dass Sie der Boss sind, und freut sich trotzdem und vielleicht noch mehr darüber, dass Sie mit ihm spielen.

Spielzeug hergeben: Wenn Sie es wünschen, muss Ihr kleiner Freund stets sein Spielzeug rausrücken – ohne Wenn und Aber. Sie können ihm seinen Ball, nachdem Sie ihn begutachtet haben, immer wieder zurückgeben – schließlich sind Sie ja kein Unhund.

Gehorsamsübungen: Sie können im und während des Spiels ohnehin immer wieder kleine Gehorsamsübungen einbauen. Dabei lernt Ihr Hund, dass er auch bei höchster Aktivität und Lust, auf Sie und Ihre Wünsche achten soll.

Manipulationen ertragen: Ihr Welpe und später Ihr erwachsener Hund soll es dulden, dass Sie ihn überall anfassen, dass Sie ihm ins Maul schauen und fassen, dass Sie aus seinem Fell und seiner Haut Fremdkörper oder auch Parasiten entfernen. Er soll auch dulden, dass Sie ihn auf die Seite legen und seinen Bauch anschauen. Das ist zum einen eine sehr gute Dominanzdemonstration, das ist aber auch eine wichtige Lektion für Ihr ganzes gemeinsames Leben. Stellen Sie sich vor, Sie kämpfen mit einem erwachsenen Hovawart darum, ihm eine Klette aus dem Vorderlauf ziehen zu dürfen!

Schmusen: Die meisten Hunde haben ein großes Zärtlichkeitsbedürfnis. Sie schmusen fast alle furchtbar gerne. Auch hier gilt: Sie sollten in den meisten Fällen (falls Sie das fertig bringen) Ihren Hund erst einmal ignorieren, d.h. eine kleine Wartezeit einhalten. Denn der Leithund verteilt seine Zärtlichkeiten so herablassend und hoheitsvoll, wie manche Chefs früher die Weihnachtsgratifikation.

Schnauzengriff: Der Schnauzengriff, über den wir schon gesprochen haben, ist ebenfalls eine gute Demonstration Ihres Rangs, die Sie öfter einsetzen können.

▶ Hör- und Sichtzeichen

Eben habe ich Ihnen einige Beispiele dafür gegeben, wie Sie mit Ihrem Verhalten Ihrem Hund etwas zeigen können. Sie sollten ihn aber natürlich auch direkt beeinflussen, wenn Sie zum Beispiel wollen, dass er irgendetwas tut oder unterlässt. Die Hundeausbilder sprechen heute nicht mehr von Befehlen, Kommandos oder anderen Begriffen aus dem Militärischen. Sie sprechen von Zeichen, die man seinem Hund gibt. Sie können sich mit Ihrem Hund auf drei Arten verständigen: mit Worten (Hörzeichen), mit Gesten (Sichtzeichen) und teilweise auch noch mit Signalen der Hundepfeife.

Hörzeichen werden am meisten eingesetzt.

Sichtzeichen werden inzwischen auch in der Ausbildung und Erziehung von Familienhunden gerne verwendet. Doppelt genäht hält besser, gilt hier sicherlich – und außerdem lernt der Hund dadurch, dass er Sie aufmerksam beobachten muss.

Hundepfeifen aus Horn oder Kunststoff werden von Jägern schon immer eingesetzt. Der Doppelpfiff dient ihnen zum Heranrufen des Hundes. Der einfache Pfiff fordert vom Hund das Sitzen, egal, wo er gerade ist. Der Triller schließlich verlangt das sofortige Platz.

Auch in der Erziehung der Familienhunde wird die Pfeife heute gerne verwendet. Sie hat einen ganz entscheidenden Vorteil: beim Pfeifen hört der Hund die Angst oder Wut seines Menschen nicht, und außerdem hört Ihr Hund Sie im Notfall auch auf große Distanz.

ANORDNUNGEN DURCHSETZEN ▶
Gleichgültig welche Art Zeichen Sie geben, bestehen Sie stets darauf, dass Ihr Hund sie auch ausführt. Wenn Sie das nicht können, weil Sie keine Möglichkeit haben sich durchzusetzen, dann verzichten Sie lieber auf ein Zeichen und überlegen sich einen Trick. Hat Ihr Freundchen nämlich einmal erfahren, dass er gehorchen muss oder auch nicht, dann gilt für einen anständigen Hund natürlich »oder auch nicht«.

ZEICHEN WIEDER AUFHEBEN ▶
Genauso wichtig ist, dass Sie ein gegebenes Zeichen auch wieder aufheben. Überlegen Sie sich ein Wort oder einige Wörter, die Sie immer dann sagen, wenn Ihr Hund sich wieder nach eigenem Gusto bewegen darf. Sagen Sie zum Beispiel »Fertig« oder »okay«, weiß Ihr Hund, dass er aus dem Platz wieder aufstehen darf. Lassen Sie nicht zu, dass Ihr Hund selbst entscheidet, wann eine Übung beendet ist. Bringen Sie ihn, falls er aus dem Platz aufsteht, sofort wieder dazu, dass er Platz macht. Neben der Demonstration Ihres Ranges machen Sie ihm klar, dass das, was Sie sagen, gilt.

▶ Für das Leben lernen
Sie müssen nicht alles machen und nicht alles so machen. Aber Sie müssen sich auf jeden Fall überlegen, was Ihr Hund später können soll, und das

▶ **Hörzeichen**

Diese Hörzeichen sollte Ihr Hund beherrschen:

- Hier
- Sitz
- Platz
- Bleib
- Fuß
- Fertig
- Aus
- Nein

müssen Sie ab sofort mit ihm üben. Jeder Hundebesitzer sollte einen Lehrplan für seinen Hund aufstellen. Einige Dinge sind als Schulfächer sehr empfehlenswert:

HALSBAND UND LEINE ▶ Die meisten Züchter gewöhnen die Welpen schon früh an das Halsband. Aber auch wenn dies nicht geschehen ist, machen Sie kein großes Aufsehen darum. Falls Ihr Welpe bockig reagiert, verknüpfen Sie Halsband und Leine einfach mit etwas Nettem. Also ziehen Sie ihm beides zum Beispiel an, wenn es Futter gibt oder wenn Sie mit ihm spielen. Denken Sie daran: zwischen Hundehals und Halsband sollte immer »Luft« sein.

AUSLASSEN ▶ Auf das Hörzeichen »Aus!«, oder was immer Sie sagen wollen, sollte Ihr Hund stets alles, was er an Ungeheuerlichem im Fang hat, herausgeben. Das Trainieren dieses Hörzeichens ist unter Umständen lebensrettend für Ihren Hund, falls er mal Giftiges oder Unverdauliches im Fang hat und schlucken will. Sie können es Ihrem Welpen auf die nette Art beibringen: bieten Sie ihm irgendeine Leckerei zum Tausch an und fordern »Aus!«. Wenn er es so lernt, ist das prima, ansonsten müssen Sie mit dem Schnauzengriff diesen Gehorsam fordern. Laufen Sie Ihrem kleinen Schluckspecht aber nie hinterher. Er denkt sonst, dass jetzt eine (lustige) Hetzjagd nach seiner Beute beginnt – und die gewinnt er immer!

BEISSHEMMUNG ANPASSEN ▶ Bei seinen Geschwistern hat Ihr Welpe gelernt, wie stark er zubeißen darf,

»Steh!« Eine Übung, die oft entfällt oder vernachlässigt wird. Trotzdem ist sie äußerst nützlich.

damit die anderen es als Liebkosung und nicht als Körperverletzung empfinden. Sie haben ja nun mal ein entschieden dünneres »Fell« als Ihr Bärchen. Dies sollte Ihr Welpe schnell lernen, sonst sehen Ihre Hände und Arme schnell so aus, als seien Sie durch eine Dornenhecke gejagt worden. Wenn Ihr Welpe also beim Kosen und Spielen zu stark zubeißt, sagen Sie das Wort, das Sie künftig verwenden wollen, zum Beispiel »Aua!« oder »Sanft!«, und entziehen ihm Ihren Arm. Er bekommt ihn aber sofort wieder »angeboten«, denn er muss ja lernen, wie er seinen Biss bei Ihnen dosieren soll. Er lernt schnell den Druck seines Fangs zu dosieren. Sie brauchen kein Verbandszeug im Vorrat zu haben.

KINDER ▶ Für Hunde sind Kinder rangniedere Jungtiere im Rudel. Insofern sind alle Hunde »kinderfreundlich«. Sie sind freundlich zu Kindern, wenn man sie früh mit ihnen bekannt macht. Sie sind solange kinderfreundlich, wie sie keine schlechten Erfahrungen machen. Sie sind solange kinderfreundlich, solange die Kinder hundefreundlich sind. Manchmal haben sie noch sehr viel länger Geduld, als manche Kinder das verdienen. Kleine Kinder und Hunde sollten im Interesse von Kind und Hund nicht unbeaufsichtigt gelassen werden.

Es ist für Ihre Kinder eine der wunderbarsten Erfahrungen, mit einem Hund aufzuwachsen. Dazu gehört allerdings unauflöslich die Bereitschaft, den Hund in seiner Andersartigkeit zu respektieren. Kinder, die das gelernt haben, haben nicht nur einen liebevollen Partner auf vier Pfoten, sie haben eine wesentliche Schlüsselqualifikation für ihr Erwachsenenleben erworben.

HAUSTIERE ▶ Ihrem kleinen Prinzen machen Sie am besten von Anfang an klar, dass Ihre Haustiere weder Spielzeug noch Beute sind. Katzen, Vögel, Gänse, Enten, Hühner, Pferde, Kühe, Schafe und Schweine – alles kein Problem. Was Ihr Welpe bei seiner Ankunft leicht und gerne akzeptiert, wird ihm später schwieriger zu vermitteln sein. Also stellen Sie ihm gleich Ihre Pussykatze, Ihr Lieblingspferd und den Papagei vor. Noch wird er – schwer beeindruckt – alle respektieren.

AN DER LEINE NEUTRAL SEIN ▶ Falls Sie diese Übung konsequent durchhalten, erleichtern Sie sich das Leben kolossal. Aber meist verleiten uns nette andere Hundebesitzer, den eigenen guten Vorsätzen untreu zu werden. Versuchen Sie es, es lohnt sich wirklich. Gewöhnen Sie Ihren Welpen daran, keinen Spiel-, Schnupper- und sonstigen Kontakt zu anderen Hunden

zu haben, wenn er an der Leine ist. Auch wenn das schwer fällt, haben Sie später einen Hund, der Sie nicht aus den Pantoffeln zieht, wenn er auf der gegenüberliegenden Straßenseite die tolle Diana sieht, die er so verehrt. Sie haben einen Hund, der weiß: »Wenn ich an der Leine bin, gibt es nichts anderes als meinen Boss und mich, alles andere interessiert nicht.«

MANIPULATIONEN ERTRAGEN ▶ Auch wenn Ihr Welpe keine verfilzten Haare hat und eigentlich noch überhaupt nicht gebürstet werden muss: Tun Sie es! Wenn Sie nämlich erst mit dem Üben anfangen, wenn Ihr Hund sein Erwachsenenfell hat, wird es deutlich schwieriger. Je nach Temperament wird er sich Ihnen entweder entziehen oder sich mit aller Kraft wehren, und er hat jede Menge Kraft! Also üben Sie die Fellpflege, das Kontrollieren seines Körpers auf Parasiten etc., das Inspizieren seiner Ohren und der Bindehäute der Augen, die Kontrolle der Zähne sowie der Ballen und Krallen.

NICHT OHNE ERLAUBNIS AUF ANDERE HUNDE ZURENNEN ▶ Wenn Ihr fröhlicher, übermütiger Leonberger auf einen entgegenkommenden Yorkshire-Terrier zuspringt, wird wahrscheinlich dessen Besitzer etwas nervös. Wenn Ihr Yorkshire-Terrier auf einen entgegenkommenden Rottweiler zuspringt, werden sicherlich Sie nervös. Es ist äußerst nützlich, wenn Ihr Hund nicht von sich aus zu anderen läuft, sondern Ihre Erlaubnis abwartet.

NICHT ZU WEIT VOM MENSCHEN ENTFERNEN ▶ Ihr Welpe wird sich im eigenen Interesse und instinktgemäß nicht zu weit von Ihnen entfernen. Versuchen Sie, dass auch der größere Hund immer in einem Radius um Sie bleibt, innerhalb dessen Sie ihn noch kontrollieren können. Wenn sich Ihr unternehmungslustiger Springinsfeld nämlich mal daran gewöhnt hat, dass er in hundert Meter Abstand um Sie seine Kreise zieht, haben Sie keinerlei Chancen, auf ihn einzuwirken.

KORREKT AUTO FAHREN ▶ Ihr Hund wird das Auto lieben, wenn Sie nichts falsch machen. Fast alle Hunde tun das, denn das Auto bringt sie zu vielen herrlichen Abenteuern. Die Fahrt vermittelt darüber hinaus das Gefühl der schnellen Jagd, wenn links und rechts Landschaft, Menschen und Fahrzeuge vorbeigleiten. Machen Sie ihm also das Autofahren angenehm. Packen Sie Ihren Hund nicht nur ins Auto, wenn er zum Tierarzt soll. Fahren Sie die erste Zeit – wenn möglich – zusammen mit Ihrem Welpen auf dem Rücksitz. Füttern Sie ihn vorher nicht – es könnte ihm in der ersten Zeit schlecht werden. Lassen Sie ihn nicht gleich allein im Fond oder im Laderaum des Kombis. Wenn Sie keinen Chauffeur für die erste Zeit haben, können Sie den Welpen auch mit einem Geschirr und kurzer Leine am Sicherheitsgurt fixieren.

Wichtig ist beim Autofahren aber auch, dass Sie Ihren Welpen sofort daran gewöhnen, dass er nie ohne Ihre Erlaubnis aussteigen darf. Das geht einfach, denn anfangs heben Sie ihn ja ins Auto und wieder heraus. Wenn er dann alt genug ist, machen Sie ihm drastisch deutlich, dass er nur auf Ihre Aufforderung aussteigen darf: Falls Ihr Wirbelwind nach draußen drängt, machen Sie

einfach die Tür wieder zu, so oft und so lange, bis er manierlich auf seine Ausstiegsgenehmigung wartet.

NICHT STEHLEN ▶ Welpen – auch die kleinerer Rassen – entwickeln erstaunliche körperliche Leistungen beim Dehnen, Strecken und im Hochsprung, wenn es darum geht, den Sonntagsbraten und Ähnliches zu stehlen. Sie tun gut daran, von Anfang an das Anständigsein zu üben. Am besten, indem Sie dem möglichen Straftäter eine Falle stellen. Also einen Leckerbissen verführerisch platzieren und dem Welpen nicht gestatten, dass er ihn stiehlt.

▶ Der klassische Grundgehorsam

Es soll Hunde geben, die ohne jede Erziehung gehorchen und sich nie in Gefahr begeben – ich kenne allerdings keinen. Besser, Sie bringen Ihrem Hund alles bei, was Sie von ihm erwarten. Das macht ihn umweltsicher, das macht ihn klüger und selbstsicherer, das macht Sie sicherer und das stärkt ganz enorm die Beziehung zwischen Ihnen und Ihrem Hund.

> ### ▶ TIPP
> *Wenn Sie sich umfassender über Hundeerziehung informieren wollen, empfehle ich Ihnen das kürzlich erschienene, ganz ausgezeichnete »Kosmos-Erziehungsprogramm für Hunde« von Nicole Hoefs und Petra Führmann.*

Die Übungen, die Sie vielleicht schon kennen, quasi die Hauptfächer der Hundegrundschule, haben alle einen praktischen Sinn. Sie machen Ihren

Hund in unterschiedlicher Weise kontrollierbar.

»Sitz« stellt ihn vorübergehend ruhig, Sie können zum Beispiel am Imbissstand eine Wurstsemmel kaufen, ohne dass Ihr Hund Sie umreißt.

»Platz« sorgt dafür, dass Ihr Hund längere Zeit an dem ihm zugewiesenen Platz verharrt. Sie können sich bestimmt viele Situationen vorstellen, wo dieses Hörzeichen ausgesprochen nützlich ist.

Und das »Hier« schließlich ist sicher eines der wichtigsten Hörzeichen, die Ihr Hund befolgen sollte.

KURZE LERNZEITEN ▶ Gleichgültig, was Sie mit Ihrem Welpen und später dem Junghund üben – für alle Hunde gilt: Lernzeiten sollen kurz sein. Welpe und Junghund können sich gar nicht so lange konzentrieren; und Spaß haben sie auch nicht lange an einer Sache. Also lieber konzentriert und kurz, als lang, langweilig und uneffektiv. Bei Welpen und Junghunden sollten Sie die »Unterrichtsstunde« auf wenige Minuten am Tag begrenzen.

TIPP

Wenn Ihr Hund die Übung schon beim ersten Mal richtig macht, wird die Unterrichtsstunde beendet. Sonst meint er, er muss etwas korrigieren. Andersrum gilt das auch: hören Sie jede Übung mit einem Erfolg auf.

LUSTBETONT LERNEN ▶ Gelangweilte und verängstigte Schüler lernen schlecht. Das Gleiche gilt für Ihren jungen Hund. Motivieren Sie ihn also, bevor Sie mit dem Training beginnen.

Vermitteln Sie ihm, dass gleich die tolle Arbeit beginnt. Spielen Sie immer mit ihm, wenn er eine Übung gut gemacht hat. Fehler ignorieren Sie. Sie fangen nochmals an und loben Ihren Spatz dann auch kräftig, wenn er es richtig macht. Wenn Sie selbst schlechte Laune haben oder unter Zeitdruck stehen, dann lassen Sie das Training lieber bleiben. Sie sind ein ungeduldiger Lehrer und Ihr Hund ein frustrierter Schüler.

▶ Gehirn statt Gewalt

Wie immer auch argumentiert wird, lassen Sie sich nicht zum Einsatz von Folterinstrumenten in der Hundeausbildung überreden. Stachel- oder Krallenhalsbänder, Zugketten und Zughalsbänder, Brustgeschirre wie Gentledog, die dem Hund Schmerzen zufügen, alle Formen von Elektroschocks und andere schmerzhafte »Distanzwaffen« sind Zeichen der Unfähigkeit der Ausbilder. Menschen, die solche Folterinstrumente einsetzen, sollten besser keinen Hund haben. Aber auch den Einsatz sanfter Hilfsmittel der Erziehung, wie das Halti oder Masterdog und andere, sollten Sie sich von einem Fachmann zeigen lassen. Falsch angewendet schaden sie mehr, als sie nutzen. Auch über besondere Methoden wie das Clickertraining und den Tellington TTouch sollten Sie sich im Vorfeld ausführlich informieren, um sie richtig anwenden zu können (siehe Literaturempfehlungen auf Seite 116).

▶ Sitz

Das Hörzeichen »Sitz« ist ausgesprochen leicht zu lehren und zu lernen. Das Sitzen und Hochschauen zum

»Sitz!«, eine Übung, die jeder Hund schnell und leicht lernt und die wirklich jeder beherrschen sollte.

»Platz!« mit entsprechendem Handzeichen. Eine Übung, die viele Hunde nicht gerne machen, aber eine wichtige Qualifikation für den wohlerzogenen Hund.

Größeren ist die Bettelhaltung schlechthin, und die beherrscht Ihr kleiner Schlauberger sofort.

Sie sagen Ihrem Welpen einfach, wenn er sich zufällig setzt und vielleicht sogar noch zu Ihnen hochschaut, mit hoher freundlicher Stimme: »Siiitz!« Gleichzeitig zeigen Sie ihm noch das passende Sichtzeichen, den hochgereckten Zeigefinger.

Die gewalttätigen »Erziehungs«-Formen, bei denen der Welpe am Halsband hochgezogen und am Ende des Rückgrates runtergedrückt wird, brauchen Sie erst gar nicht anzuwenden.

Vergessen Sie aber nicht: Wenn Ihr Hund zuverlässig gelernt hat, was Sitz bedeutet, und Sie das Hör- oder Sichtzeichen dafür geben, dann muss er sich setzen, da gibt es keine Kompromisse. Alle Ihre Zeichen soll Ihr Hund nach dem ersten Mal befolgen.

► **Platz**

Eine wesentlich unangenehmere Übung für den Hund ist das »Platz«. Es ist eine Unterordnungsgeste, die kein Hund, und ganz besonders kein selbstbewusster, gerne ausführt.

Aber das schreckt Sie als coolen Leithund ja nicht. Am einfachsten ist es, wenn Sie Ihren angeleinten Welpen vom Sitzen quasi in das Platz locken. Sie nehmen einen Leckerbissen in die Hand und »ziehen« den interessiert schnuppernden Welpen damit in das Platz. Liegt er, wird der Tapfere gestreichelt und Sie sagen ihm dabei lobend das Hörzeichen »Plaaatz«. Das Sichtzeichen ist die waagrecht ausgestreckte Hand (mit der Handfläche nach unten), so als wollten Sie Ihrem Hund zeigen, dass er ganz flach liegen bleiben soll.

Auch hier klappt die sanfte Methode bestimmt, wenn Sie die Übung schon mit Ihrem Welpen machen. Manche Trainer raten zum Niederdrücken und/oder zum Wegziehen oder gar zum Wegschlagen der Vorderläufe. Lassen Sie sich zu solch groben Verfahren nicht überreden, bloß weil der Ausbilder in Ihrem Hundeverein das schon vierzig Jahre so macht. Sie sind ein moderner Hundehalter, der im Hund den Partner von der anderen Art sieht.

▶ Bleib

Eigentlich sollte es ja so sein, dass Ihr Hund nach dem Hörzeichen »Platz« so lange liegen bleibt, bis Sie ihn freigeben. Man nennt diese Fertigkeit in Hundekreisen das »Abliegen«.

Für temperamentvolle und anhängliche Hunde ist das eine ausgesprochen schwierige Übung. Sie müssen sie vorsichtig und in homöopathischen Dosen aufbauen. Also erst vom liegenden (immer angeleinten) Hund wegtreten und unmittelbar wieder vor ihn hintreten. Bleibt er liegen – wenige Augenblicke reichen –, gehen Sie wieder zurück an seine Seite. Steht er unerlaubt auf, gilt wie stets beim Training: cool bleiben, zurück zum Anfang und auf ein Neues.

Dann steigern Sie die Entfernung einfach immer weiter, bis Ihr Hund auch »abliegt«, wenn er Sie nicht mehr im Blick hat.

TIPP

Wenn Ihr Hund etwas Erwünschtes nicht tut, haben meist Sie einen Fehler gemacht, nicht er. Prüfen Sie, welchen, holen Sie sich Rat und arbeiten Sie von Neuem an der Übung.

▶ Hier

Dass Ihr Hund herkommt, wenn Sie ihn rufen, ist ausgesprochen nützlich, ist praktisch, macht einen guten Eindruck, schont Ihre Nerven und ist unter Umständen lebensrettend für Ihren Hund. Das Hörzeichen ist »Hiiier«, weil man es prima rufen und sogar noch ziemlich in die Länge ziehen kann, damit Ihr Strolch es nun wirklich nicht überhören kann. Das Sichtzeichen können Sie sich selbst überlegen. Die meisten Hundeführer klopfen sich mit der Hand seitlich an den Oberschenkel.

»Hier!« Ein Hörzeichen, das ständig gebraucht wird und dessen Befolgung unter Umständen für Ihren Hund lebensrettend sein kann.

Das »Hier« muss immer freundlich gerufen werden. Wird es mit drohender Miene gerufen und verbinden Sie es noch mit Ankündigungen dessen, was Sie mit einem solchen Streuner machen, wenn er sich denn mal zu Ihnen bequemt, wird jeder halbwegs vernünftige Hund sich hüten, auch nur in Ihre Nähe zu kommen. Er versteht ja nicht, was Sie sagen, sondern merkt nur, dass Sie wütend sind. Wenn der Leithund wütend ist, das weiß ja nun jeder, dann kommt man ihm besser nicht zu nahe. Also immer cool bleiben!

Und so bringen Sie es Ihrem Spatz bei: Ein Freund hält Ihren Welpen, Sie rennen – aber wirklich rennen – zwanzig, dreißig Meter von Ihrem Welpen weg, drehen sich um und rufen »Hiiiier« und geben Ihr Sichtzeichen. Der Helfer lässt Ihren Welpen los. Das war es schon. Ihr Welpe wird zu Ihnen rasen. Sie empfangen ihn mit großer Freude und einem Leckerchen, dann bringen Sie ihn freundlich zum Sitzen – die Grundübung zum späteren Vorsitzen in der prüfungsmäßigen Arbeit mit dem Hund. Noch verknüpft er sein Herankommen nicht mit Ihrem Hörzeichen und Ihrem Sichtzeichen, bald wird das aber so sein und er kommt schnell und hoffentlich freudig.

Falls er zögert oder gar nicht kommt, rennen Sie in die entgegengesetzte Richtung, vielleicht verstecken Sie sich sogar.

Besser ist also, einmal rufen und dann hoffen. Ihr Hund weiß dann nämlich nicht, wo Sie sind – vor allem dann nicht, wenn Sie sich gemeinerweise auch noch gleich verstecken. Achten Sie aber vorsorglich darauf, dass Sie sich in ungefährlicher Gegend aufhalten. Ihr Welpe könnte in Panik

> **TIPP**
>
> *Laufen Sie keinesfalls zu Ihrem Hund, wenn er nicht zu Ihnen kommt. Erstens verlieren Sie damit Ihr Gesicht als überlegener Chef. Zweitens wird Ihr Welpe »denken«: »Das wird jetzt ein super Jagdspiel!« Lassen Sie sich erst gar nicht auf solche Spielchen ein, denn die verlieren Sie garantiert. Wenn Ihr Welpe nicht hören will oder sich ins undurchsichtige Dickicht geschlagen hat, sollten Sie keinesfalls zehn- bis zwanzigmal »Hier« rufen. Ihr Welpe lernt sonst einiges, was Sie bestimmt nicht möchten. Er lernt erstens, dass er nicht gleich kommen muss, wenn Sie rufen – Sie wiederholen sich ja oft genug. Konsequenzen gibt es auch keine. Zweitens lernt er, dass Ihr »Hier«-Rufen so etwas ist wie eine Art Funksignal, das ihm immer sagt, wo genau Sie sind. Ihr Kleiner braucht also keine Anstalten für das Herkommen zu treffen.*

geraten, wenn er Sie nicht mehr hört oder sieht. Er wird zumindest unsicher und wird nachschauen kommen. Und wenn er dann kommt, der Schlawiner, müssen Sie die Zähne zusammenbeißen und ihn trotzdem loben.

▶ **Leinenführigkeit**

Wenn ein kleiner Terrier seinen Menschen durch die Fußgängerzone zerrt, finden das die meisten lustig. Wenn ein großer Hovawart dasselbe tut, erntet man im besten Fall Spott. Also: anständig an der Leine gehen ist ein ganz wichtiges Schulfach für jeden Hund, gleich welcher Größe.

Gegenwärtig wird Leinenzwang immer verbreiteter. Üben Sie mit Ihrem Hund, dass er sich an der Leine gesittet benimmt.

Grundsätzlich sollten Sie Ihren Welpen so wenig wie möglich an der Leine führen. Sobald Sie es also gefahrlos tun können, geben Sie ihn frei. Er wird im eigenen Interesse bei Ihnen bleiben. Erst im Flegelalter beginnen die meisten damit, sich weiter zu entfernen. Fahren Sie also lieber ein Stück raus, als dass Sie Ihren Welpen lange an die Leine legen.

Gewöhnen Sie Ihren Hund von Anfang an daran, dass er stets links von Ihnen geht. Nehmen Sie die Schlaufe der Leine in die rechte Hand, so dass die Leine vor Ihrem Bauch zum links gehenden Hund führt. Die linke Hand brauchen Sie zum Korrigieren und zum Loben.

Damit Sie Ihre Wünsche schnell und deutlich klarmachen können, sollte die Leine zum Üben auch nicht allzu lang sein. Es ist zwar gut, wenn Sie auch noch eine längere Leine haben, aber zum Üben ist sie eher hinderlich.

Die Auszugsleinen mit automatischem Abroll- und Aufrollmechanismus sollten Sie sich vorerst gar nicht erst zulegen. Später einmal, wenn Ihr Hund aufs Wort hört, ist so eine Leine mal ganz praktisch, wenn man ärztlich oder behördlich verordneten Leinenzwang in Städten und Parks angenehmer machen will. Für den Welpen ist diese Leine aber ein Trainingsgerät für das Leinenzerren. Der Welpe lernt: »Wenn ich an der Leine ziehe, bekomme ich mehr Freiraum!«

Auch beim Üben der Leinenführigkeit gilt: sobald der Hund angeleint ist,

> **TIPP**
>
> *Die Leine soll für Ihren Hund keine Fessel sein und nichts, vor dem er Angst hat. Die Leine ist im Idealfall für Ihren Hund das Symbol für gemeinsames Arbeiten, sie ist Ihr verlängerter »Zeigefinger«.*

sollte es nichts anderes geben, was ihn aus seiner Neutralität locken könnte.

Diejenigen, die in der Schule gut in Physik waren, erinnern sich vielleicht an einen wichtigen Lehrsatz: »Druck erzeugt Gegendruck!« Machen Sie sich dies stets klar, wenn Sie Ihren Hund anleinen. Wenn er zieht und Sie dagegenziehen, wird Ihr Hund, obwohl er nie Physik hatte, sofort dagegenziehen. Locken Sie ihn also mit Futter oder Spielzeug in die korrekte »Fuß«-Position und loben: »Fuß! So ist es brav!«

Für jeden unternehmungslustigen Welpen ist das natürlich eine ausgesprochen langweilige, anstrengende Übung. Denn sobald die Leine nicht mehr locker zwischen Mensch und Hund hängt, muss der Kleine korrigiert werden. Sie sollten also die Leinenarbeit schon deshalb nur ganz kurze Strecken üben.

▶ Freifolge

Die bei Hundeleuten so genannte »Freifolge« bedeutet nichts anderes, als dass Ihr Hund all das ohne Leine macht, was ich im letzten Absatz beschrieben habe. Fangen Sie aber nicht zu bald an, mit dem abgeleinten Hund zu arbeiten. Wenn er frei ist, haben Sie größere Probleme auf ihn einzuwirken, wenn er Ihr »Fuß« nicht befolgt.

Sie merken es, wann Ihr Hund für diese weiterführende Übung bereit ist: Freifolge können Sie dann mit ihm anfangen, wenn er an der Leine willig, freudig und konzentriert jeder Ihrer Bewegungen folgt.

▶ Begleithundeprüfung

Die Begleithundeprüfung ist das, was Sie in der Presse vielleicht schon mal

»Fuß!« Wenn Ihr Hund mit und ohne Leine zuverlässig bei Fuß geht, haben Sie auch viel für ein besseres Auskommen aller in unserer immer enger werdenden Umwelt getan.

als eine Art Hundeführerschein bezeichnet finden. Ablegen kann man diese Prüfung, wenn der Hund ein Jahr alt ist, bei einem Hundesportverein, der Mitglied im VDH ist. Geprüft werden dabei all die Fertigkeiten, über die wir gerade gesprochen haben: Leinenführigkeit, Freifolge, Sitz und Platz, Heranrufen und Abliegen. Außerdem muss man in einem zweiten Teil beweisen, dass der Hund sich im Straßenverkehr und unter Menschen anständig benimmt.

Wenn Sie diese Prüfung ablegen wollen, bereiten Sie sich am besten im Verein darauf vor.

Belohnung muss ganz unbedingt sein – Spiel als Belohnung für aufmerksame Mitarbeit ist kalorienfrei und macht Spaß.

Hund Spiel. Sie haben vielleicht schon mal einen Film über die Ausbildung von Spürhunden oder von Rettungshunden gesehen. Alles wird über Spiel gelernt, die Arbeitsfreude wird über das Spiel erhalten und das Spiel ist eine der schönsten Belohnungen, die es für Ihren Hund gibt.

Wenn Ihr Hund gerne spielt, haben Sie einen klugen Hund. Wenn Sie richtig mit ihm spielen, haben Sie einen glücklichen Hund, haben wieder ein Stück Ihre gute Beziehung vertieft und haben es viel leichter, etwas von ihm zu verlangen, was er vielleicht nicht ganz so gerne macht.

> **TIPP**
>
> *Machen Sie keine Zerrspiele mit dem Welpen und seien Sie im ersten Jahr damit auch äußerst vorsichtig. Zunächst wegen der Milchzähne und dann wegen der richtigen Zähne, bis diese fest verankert sind.*

▶ Schmusen

Hunde genießen Ihre Zuwendung und werden Ihnen je nach Temperament nachdrücklich klarmachen, wo sie ihre Lieblings-Schmusestellen haben und was ihre Lieblings-Schmusetechniken sind.

Lernen Sie ruhig, wie man mit seinem Hund richtig schmust: Sie tun damit etwas für Ihre Gesundheit. Beim Hundestreicheln sinkt Ihr Blutdruck und Ihre Psyche stabilisiert sich. Amerikanische Wissenschaftler haben das in umfangreichen Untersuchungen nachgewiesen. Aber das wussten ohnehin schon alle, die mal einen Hund hatten, und Sie werden es hoffentlich mit Ihrem Hund auch erleben.

▶ Richtig spielen

Sie denken jetzt vielleicht, dass es ein bisschen albern ist, in einem Erziehungskapitel über das Spielen zu schreiben. Ist es aber nicht, denn fast jede so genannte Arbeit ist für Ihren

Freizeitpartner Hund

Freizeitpartner Hund

► Der Hund an Ihrer Seite

Hunde wollen überall dahin mit, wo ihre Menschen hingehen. Das sollten sie auch – wo immer das möglich ist. In der Fußgängerzone oder in der Bank, im Bistro oder im Buchladen, bei der Demonstration gegen was weiß ich und beim Platzkonzert.

Auffallen sollten Sie dabei nur, weil Ihr Hund unterwegs so nett ist. Damit dies klappt, gewöhnen Sie Ihren kleinen Hund von Anfang an daran, Sie überall hin zu begleiten. Der Welpe und Junghund sieht das als selbstverständlich an und wird als erwachsener Hund ein angenehmer und unauffälliger Begleiter sein.

Genauso wichtig wie das Training, brav alleine zu bleiben, ist also das Training, brav überall mitzugehen.

► Der Öko-Hund

Glaubt man der Presse, vor allem den Artikeln, die im jährlichen Sommerloch veröffentlicht werden, dann besteht das Hauptproblem moderner Hundehaltung darin, dass überall tonnenweise hochgefährliche Hundehaufen vor sich hinstinken. Die deutschen Hundehaufen scheinen die gefährlichsten in Europa zu sein, denn nur bei uns widmet man dem Problem so viel

Raum in den Medien, dass jeder Politiker und jeder Popstar wegen dieses Medieninteresses gelb vor Neid sein müsste.

Vieles, aber halt nicht alles, ist reine Hysterie. Seien Sie also vorbildlich: auf abgeernteten Feldern, auf winterlichen Wiesen, im Wald und auf der Heide »darf« Ihr Hund. Ansonsten räumen Sie sein Geschäft einfach weg. Es gibt im Handel eine Vielfalt von Entsorgungssets. Ein stabiler Gefrierbeutel tut es ebenso: Sie ziehen ihn sich wie einen Handschuh über, packen das Produkt und ziehen den Beutel wie einen Kissenbezug darüber. Die Frage ist dann nur: Wie lange dauert es bis zum nächsten Mülleimer?

Viele Hundeneulinge möchten nicht, dass ihr Hund sich im eigenen Garten löst. Man kann das seinem Welpen schnell und gründlich abgewöhnen. Aber bedenken Sie dabei die Konsequenzen. Ihr Garten bleibt zwar »stubenrein«, aber Sie müssen zu jeder erdenklichen Zeit raus, wenn Ihr Freund »muss« – und Hunde sind auch nur Menschen und da geht es nicht immer nach Zeitplan. Wenn Sie mal Kopfschmerzen haben oder es ganz scheußlich stürmt und schneit oder Ihr Hund sich eine Magen-Darm-

Infektion zugezogen hat – ein Hunde-
klo im Garten ist absolut zu empfehlen
und Sie sind darüber hinaus fein raus:
einen Großteil dessen, was andere in
der Landschaft hinterlassen, entsorgen
Sie bei sich zu Hause.

Der vorbildliche Rüde ärgert seine
menschlichen Nachbarn auch nicht
durch Beinheben an Zäunen, Haus-
ecken, Ladentüren und Ähnlichem. Es
ist keine Unterdrückung hundlicher
Männlichkeit, wenn man seinem
Rüden nicht gestattet, innerhalb der
Bebauung das Bein zu heben. Ihr
Hund akzeptiert das ganz selbstverständlich, wenn Sie es von ihm verlangen.

▶ Nicht nur spazieren gehen

Vielleicht möchten Sie vor allem einen
Hund, damit Sie regelmäßig und aus-
giebig an der frischen Luft sind. Dabei
hilft Ihnen Ihr vierbeiniger Begleiter
gerne.

Vielleicht stellen Sie sich vor, dass
Ihr Bodyguard und Sie gemeinsam
herrliche Spaziergänge in der Natur
machen: Ihr Hund tollt fröhlich durch
die Landschaft. Sie schreiten einher,
freuen sich an dem steten Werden und
Vergehen und überlegen sich vielleicht,
was Sie nachher einkaufen.

Falls Sie so ähnliche Vorstellungen
haben sollten, vergessen Sie es gleich
wieder. Spaziergang ist ohnehin ein
Wort, das im Zusammenhang mit
einem normal veranlagten Hund völlig
unpassend ist. Wenn Sie nämlich denken, Sie geben Ihrem Freund die Freiheit zum Tollen und gehen praktisch
nur nebenher, denkt Ihr Hund, dass er
machen kann, was er will – und dann
macht er, was er will.

Jeder Spaziergang mit Ihrem (jungen) Hund ist Beziehungsarbeit. Das
bedeutet, dass Sie auch und gerade
draußen Ihrem Hund zeigen, dass Sie
die Richtung angeben und dass es

Rassegerechte Be-
schäftigung bedeu-
tet hier:
Wasserapportier-
übungen sogar im
Doppelpack.

absolut spannend ist, Ihnen zu folgen. Spannender und lohnender als alles andere, was draußen passieren kann.

Also spielen Sie mit Ihrem Hund, zeigen Sie ihm all die vielen interessanten Dinge in Wald und Flur, seien Sie sein Animateur und sein Lehrer. Seien Sie ruhig auch mal ein hundeähnlicher Schauspieler: verharren Sie wie ein witternder Vorstehhund und sagen Sie »Pass auf«, stürzen Sie sich auf den Apfel, den Sie dort deponiert haben, Ihr Hund wird Sie bewundern. Sagen Sie »Schau mal«, wenn Sie irgendetwas besonders Interessantes sehen; einen großen schwarzen Hirschkäfer zum Beispiel oder eine Kröte. Ihr Hund lernt, auf Sie zu achten.

Verstecken Sie das Spielzeug, das Sie natürlich immer dabeihaben, und lassen Sie ihn suchen. Verstecken Sie sich selbst, wenn Ihr Hund mal nicht auf Sie achtet. Machen Sie kleine Gehorsamsübungen. Gestalten Sie jeden Spaziergang zu einem Erlebnis.

So haben Sie sich das vielleicht nicht vorgestellt, aber nur so lernt Ihr Hund,

TIPP

Auch wenn es vielleicht praktisch wäre: gehen Sie nicht ständig im gleichen Revier spazieren. Erstens macht das Ihren Hund doof, denn er kennt dann bald wirklich jeden Grashalm, und zweitens macht das Ihren Hund dominant. Vor allem Ihr Rüde wird dann sehr schnell Ihr Spaziergangsrevier so behandeln wie Ihren Garten: als sein Revier, in dem er der Boss ist. Könnte sein, dass Sie dann Probleme damit bekommen, dass er anderen Hunden diesen Eindruck auch vermitteln möchte.

dass der Spaziergang nicht dazu dient, dass er streunen oder gar wildern geht. Und dadurch lernt Ihr Hund ein weiteres Mal, dass Sie sein absoluter Superhund sind.

Achten Sie auch immer darauf, dass Sie beide dahin gehen, wo Sie möchten, und nicht dahin, wo Ihr Hund will.

▶ Hundetreffs

Überall rotten sich Hundefreunde zusammen und treffen sich zu bestimmten Tageszeiten in bestimmten Revieren, gemeinsam geht es dann durchs Gelände. Das ist wirklich ausgezeichnet. Ihr Einzelhund findet dort hund-liche Gesellschaft, und im gemeinsamen Spiel kann er sich wunderbar ausarbeiten. Außerdem sind solche unorganisierten Treffs meist auch prima Informationsbörsen in Sachen Hund.

Wenn Sie so einen Treff entdecken, nutzen Sie ihn, es macht sicher Ihnen und Ihrem Hund Spaß. Zwei Dinge sollten Sie aber beachten:

Erstens sollten Sie nicht nur dort und nicht immer gemeinsam mit anderen spazieren gehen. Die Spaziergänge, die Sie allein mit Ihrem Hund machen, sind sehr wichtig für seine Umweltsicherheit und für Ihre Beziehung zueinander. Also sorgen Sie dafür, dass mindestens bei einem täglichen Spaziergang in weiten Teilen nur Sie beide etwas zusammen tun.

Zweitens sollten Sie ein gesundes Selbstbewusstsein gegenüber den »Hundefachleuten« entwickeln, die es auf solchen Treffs immer gibt. Solche selbst ernannten Experten vertreten gerne die Auffassung, dass Hunde alles am besten selbst untereinander klären, man solle sie einfach machen lassen und sich nicht einmischen. Die Domi-

nanten – meist sind das dann die eigenen Hunde – würden die anderen halt unterordnen und dann wäre alles erledigt. Hüten Sie sich vor solchem Halbwissen, das sich mit Begriffen aus der Verhaltensforschung schmückt. Spaziergangtreffs sind keine »Rudel«, sondern dort treffen sich verschiedene Rudel, nämlich die jeweiligen Menschen mit Ihren Hunden. Ob und wie jemand »untergeordnet« wird, entscheidet der Rudelchef – und das sind Sie und nicht Ihr Hund. Dulden Sie also nicht, dass ein so genannter »dominanter« Hund Ihren Spatz einfach nur so niedermacht. Das ist eine Ungezogenheit und zeigt, dass er nicht in der Hand seines Menschen steht.

Falls Ihr junger Hund sich allerdings ungehörig benommen hat, verdient er einen Rüffel des Älteren. Hunde haben ein fein abgestimmtes Verhalten. Vom Ordnungsruf des Älteren bis zum Saalverweis hat der Übeltäter jede Chance, sich wieder anständig zu benehmen.

TIP

Es gibt (fast) nichts Schöneres für Ihren Chico als das Spielen mit anderen Hunden. Aber: nicht jeder Hund ist für jeden anderen ein prima Spielpartner. Es gibt nicht unbedingt Probleme, wenn ein großer und ein kleiner Hund miteinander spielen, aber es gibt ein rassetypisches Spielverhalten. Was ein temperamentvoller Hovawart total lustig findet, jagt dem Sheltie vielleicht Angst ein. Was ein Schäferhund als kumpelhaften Knuff versteht, empfindet der Terrier vielleicht als Zumutung und packt zu. Also besser erst mal fragen, bevor man ableint.

► Nicht jagen

Sie finden in manchen Rassebeschreibungen den Satz, dass diese Rasse nicht »jagt«, wenig »Jagdpassion« besitzt oder an Wild uninteressiert sei. Das mag für Sie ein Kriterium für die Auswahl der Rasse oder des Hundetyps sein, aber verlassen Sie sich nicht darauf. Jagdliche Veranlagung gehört zur natürlichen Grundausstattung jedes gesunden Hundes. Bei manchen ist sie extrem stark ausgeprägt, bei anderen eher schwach entwickelt, und nicht immer verteilt sich die Begabung so auf die Hunde, wie sich das die Züchter oder die Käufer wünschen. Ich kenne jagdunlustige Setter und jagdlüsterne Berner Sennenhunde.

Die meisten (Nichtjagd-)Hunde »jagen« einem Beutetier nur so lange nach, wie sie es sehen, und kehren dann zu Ihnen zurück. Die ganze Angelegenheit ist dann oft in einigen Minuten erledigt. Aber erstens reicht das auch, um überfahren zu werden oder von einem der letzten Feudalherren im grünen Rock exekutiert zu werden, und zum anderen sind Hundefreunde hoffentlich auch Freunde der Wildtiere.

Für alle Hunde sollte gelten, dass Jagen verboten ist, auch und vor allem für diejenigen, die ihrer Nase folgen und wie Jagdhunde auf die Suche nach Beute gehen. Für fast alle gilt im Wald also: nahe beim Boss bleiben, sonst gibt es Ärger!

Neben Häschen und Rehen gibt es aber im Revier draußen auch anderes jagdbares Wild: Reiter, Radfahrer, Jogger, Walker, Inline-Skater, Mopedfahrer, Traktoren und alles, was sich schnell bewegt. Vielleicht findet es Ihr Hund ausgesprochen lustig und anregend, sich in der Schnelligkeit mit dieser Beute zu messen. Sie müssen sich darauf einstellen, dass auch dieses Lehrfach ansteht: »Nein, mein Freund, alles keine Beute!«

Im Sinne eines fairen und friedlichen Miteinanders draußen in den immer enger werdenden Freizeitflächen empfehle ich, dass Sie lieber einmal zu oft Ihren Hund zu sich rufen, wenn Ihnen Menschen entgegenkommen. Viele Menschen fürchten sich zwar nicht vor Atomkraftwerken, Motorradfahrern, Pflanzenschutzmitteln und gentechnisch manipulierten Pflanzen, aber sie ängstigen sich zu Tode, wenn ein frei laufender Hund auf sie zukommt. Dabei ist es übrigens fast immer egal, wie groß der Hund ist. Kleine Hunde setzen sich dabei allerdings noch der Gefahr aus, geschlagen oder getreten zu werden.

► Wichtige Beschäftigung

Vielleicht haben Sie ja die sympathische Auffassung, dass es Ihr Hund besser haben soll als Sie selbst. »Arbeiten«, so denken Sie vielleicht, »das hat mein Artus nicht nötig!« Aber für Artus gilt das Gleiche wie für Anton: Müßiggang ist aller Laster Anfang!

Je nach Rasse oder Typ unterscheiden sich zwar Begabungen und Vorlieben, aber fürs Faulenzen wurde keiner unserer Hunde genetisch vorgesehen.

Wenn Sie ihm also keine Aufgabe stellen, macht er sich halt notgedrungen selbst eine Art Dienstplan. Der könnte vielleicht so aussehen: Vor dem Aufstehen ein bisschen Tapetenknabbern, nach dem Frühstück die Schultasche von Kerstin leeren. Am Vormittag alles, was sich am Grundstück vorbeitraut, bellend und knurrend ver-

jagen. Briefträger, Geldboten, Paket-
dienste und Erbtante Emma am Ein-
dringen hindern. In den freien Minuten die verbleibenden Pflanzen in
Frauchens Garten ausgraben oder sich
in lautem Gesang üben. Beim Auslauf
sofort auf hundert Meter Distanz zu
den Menschen gehen, jagen, jagen,
jagen, Omas erschrecken, Kinder um-
rennen, Nachbars Pudel apportieren
und eben all die lustigen Dinge tun, die
arbeitslose Hunde zum Zeitvertreib
erfinden können.

Ein Hund dagegen, der eine Aufgabe hat, der lernt, immer neue Anforderungen zu bewältigen, ist ein angenehmer Begleiter, mit sich und der
Welt in Einklang.

▶ Spielen

Im Unterschied zum Arbeits- und So-
zialminister können Hundehalter ihr
Beschäftigungsprogramm deutlich ein-

facher, absolut kostengünstig und mit
richtigem Vergnügen gestalten.

Sie denken vielleicht: »Das ist ja
nun wirklich einfach«, aber es scheint
nicht so zu sein. Inzwischen gibt es
Bücher und Videos, die frisch gebacke-
nen oder frustrierten Hundehaltern
erklären, wie man mit seinem Hund
richtig spielt. Wenn Sie das nämlich
können, schlagen Sie zwei Fliegen mit
einer Klappe: erstens ist Ihr Hund aus-
gelastet und glücklich und zweitens
gehorcht er Ihnen besser. Er »hört«
besser, weil Sie und Ihr Spielangebot
äußerst attraktiv für ihn sind und weil
er nur dann spielen darf, wenn er Ihren
Regeln folgt.

BEIM SPIELZEUG BEACHTEN ▶

Bälle immer so groß wählen, dass der
Hund sie nicht schlucken kann bzw. sie
beim Auffangen nicht in den Rachen
gelangen können. Keine gelben Tennis-

Flyball – eine
Hundesportart für
ballverrückte Sport-
ler – macht vielen
Hunden großen
Spaß.

bälle, denn der Farbstoff hat einen giftigen Bestandteil. Darüber hinaus halten viele Hunde Tennisbälle für »fressbar«. Die Tierärzte können ein Lied von den vielen dadurch notwendigen Operationen singen. Am besten, Sie geben Ihrem Hund ohnehin nur Hartgummibälle. Alle anderen Bälle nur unter Ihrer Aufsicht zum Spielen geben!

Schleuderbälle, Kongs u.ä. sind ganz wunderbare Spielzeuge, weil man ganz viel mit ihnen machen kann (werfen, um die Beute streiten, die Beute sich bewegen lassen). Aber achten Sie wie beim Ball darauf, dass auch der Schleuderball oder Kong so groß ist, dass er nicht in den Rachen gelangen kann. Bei der Schnur sollten Sie darauf achten, dass Sie nicht so lang ist, dass Ihr Hund beim Tragen drauftritt oder sich verheddert.

Beißwürste, Dummys, Apportel: Achten Sie auf gute Qualität, das heißt chemiefreie Produktion. Und achten Sie darauf, dass bei Zerrspielen nicht ein Hundezahn im Textil hängt.

Quietschies: Um den pädagogischen Wert dieses Spielzeugs gibt es heftigen Streit. Die einen lehnen dieses lautgebende Spielzeug ab, weil sie meinen, dass dadurch die Beißhemmung der Hunde gegenüber anderen Lebewesen heruntergesetzt wird, andere halten Quietschies für wunderbare artgerechte, weil »tongebende« Spielsachen. Wenn Sie Ihrem Hund solch ein Quietschie geben wollen, achten Sie darauf, dass Sie kein minderwertiges erwischen, bei dem Metallventile verwendet werden. Überhaupt sollten Sie metallhaltige Spielsachen nicht verwenden, die Verletzungsgefahr beim Verschlucken ist zu groß.

Alle die für unseren Geschmack absolut witzigen **Latexspielsachen** in den Zoohandlungen sind wohl eher was für uns als für den Hund. Nessys Freund, der Leonberger Ben, ist der einzige Hund, den ich kenne, der mit einem Latex-Nikolaus spielt, der – wenn er ihn in den Kopf beißt – »Jingle Bells« singt.

Frisbeescheiben: Vorsicht, die oft als Werbematerial verschenkten Scheiben bestehen aus billigem Plastik und splittern beim ersten Hundebiss. Achten Sie auf Qualität, überlassen Sie Ihrem Hund das Spielzeug nicht ohne Aufsicht und lernen Sie auch, wie Sie es hundegerecht werfen, damit Ihr Spieler sich beim Fangen nicht übel verletzt.

»Stöckchen« sind preiswert und liegen überall herum, trotzdem bergen sie so viele Gefahren, dass es besser ist, wenn Sie Ihren Hund gar nicht erst auf

Ein Frisbee ist toll: man kann als Hund danach jagen, hetzen, packen und dann muss man es meist leider gleich wieder hergeben.

die »Stöckchen-Idee« bringen. Ihr Freund kann beim Zerren, Packen und Zerknautschen Splitter und Kleinteile in den Schlund bekommen und sich übel verletzen. Teile des Stöckchens können sich so unglücklich im Rachen und Hals verkanten, dass lebensgefährliche Verletzungen entstehen können. Abstehende Verzweigungen können ein Auge verletzen usw. usw. Das schlichte Stöckchen ist – wie Sie sehen – mit das gefährlichste Hundespielzeug.

Plüschtiere mit und ohne Tongeber sind ebenfalls geschätztes Hundespielzeug. Achten Sie auch hier darauf, dass Ihr Hund sich nicht verletzen kann. Manche Hunde mögen ihre Plüschtiere zum Fressen gern. Dann also alle gefährlichen Teile »amputieren« (Augen, Nase etc.) oder den Hund nur unter Aufsicht spielen lassen.

Im Kosmos-Verlag ist ein Buch erschienen, das Ihnen für drinnen und für draußen unzählige Spielideen vorschlägt. Sie können einem solchen Ratgeber folgen oder selbst Spiele für sich und Ihren Hund erfinden. Den meisten Hunden machen alle Spiele großen Spaß, die so etwas wie Trockentraining für das Beutemachen sind. Also alles, was man können muss, um ein erfolgreicher Jäger zu sein. Dazu gehört suchen – entweder mit der Nase der Spur folgen oder ein Gelände systematisch absuchen; jagen: also Beutesymbolen wie Bällen, Apportierhölzern, Dummys, Wurfringen, Schleuderbällen usw. nachsetzen; und etwas zur Strecke bringen: kämpfen, tot schütteln, beißen usw. Dabei müssen Sie ein bisschen helfen, denn richtig schütteln kann Ihr Hund ja nur, wenn Sie das Beutesymbol am anderen Ende festhalten, wenn Sie den Strick oder die Beißwurst dazu bringen, »Gegenwehr« zu leisten oder einen »Fluchtversuch« zu starten oder sich »tot zu stellen«.

Darüber hinaus gibt es jede Menge Spiele, bei denen Ihr Artist »Kunststücke« lernt und auf Wunsch ausführt. Mehr als »Gib Pfötchen!« sollte eine solche Intelligenzbestie, wie Ihr Hund es bestimmt ist, schon können.

Einige Hunde sollen zusammen mit Ihren Besitzern beeindruckende Liedervorträge gestaltet haben. Andere können rechnen oder tun zumindest so, ganz genau wie das berühmte Zirkuspferd.

Also spielen Sie, denn spielen macht nicht nur Menschen klug, wie man inzwischen weiß, sondern auch Hunde.

Für die Begleitung am Rad ist nicht jeder Hund geeignet. Wenn die Kondition Ihres Hundes das Tempo und die Dauer des Radausflugs bestimmt, dann machen Sie es richtig.

▶ ### Radfahren, Joggen, Reiten

Ihr Hund will Sie gerne begleiten, das sagten wir schon. Er begleitet Sie natürlich auch gerne, wenn Sie sich schneller als normal fortbewegen: nur, wie immer Sie sich fortbewegen – ob Ihr Hund Sie begleiten sollte, hängt davon ab, ob ihm das gut tut. Erst einmal sollte Ihr Welpe und Junghund ohnehin keiner solchen Dauerbelastung ausgesetzt werden. Radfahren, joggen und reiten können Sie in seiner Begleitung frühestens, nachdem sein Gebäude ausgebildet ist, je nach Rasse oder Typ zwischen ein und zwei Jahren.

▌ Warm-up vor dem Sport

Natürlich sind unsere Hunde durchtrainierte Hochleistungssportler, wenn wir ihnen ein normales Leben bieten. Aber auch sie brauchen ein bisschen Zeit zum Aufwärmen, sonst können sie sich ähnliche Verletzungen zuziehen wie menschliche Sportler. Also nicht den Hund aus dem Auto holen und ab über den Agility-Parcours oder mit voller Kraft in die Pedale treten. Ein bisschen warmlaufen, und Sie und Ihr Hund machen es besser.

Ausflug zu dritt: er setzt in unserer engen Umwelt voraus, dass die drei ein gut eingespieltes Team sind und der Hund absolut im Gehorsam seiner Besitzerin steht.

Falls Sie jeden Tag viele Kilometer radeln wollen oder gerne lange Ausritte machen, kaufen Sie sich einen Hund einer Rasse, die sich dafür eignet.

Überlegen Sie auch, dass das Mitgehen am Rad oder das Begleiten beim Joggen für Ihren Hund nur mäßig interessant ist. Es ist zwar gesund für seine Muskeln und seine Lungen, aber wenig anregend. Ihrem Hund zuliebe sollten Sie einen Kompromiss finden zwischen Ihrer Freude an der langen Strecke und seinem Bedürfnis, die Umwelt ständig neu zu entdecken.

Am Pferd ist die Fortbewegung für den Hund sicher interessanter, weil das Tempo sich oft ändert. Am Pferd ist aber auch die Anforderung an seinen Gehorsam deutlich höher, weil Sie hier nicht so schnell auf ihn einwirken können.

Wenn Sie schon wissen, dass er Sie später im Gelände begleiten darf, dann gewöhnen Sie den Welpen früh an Pferd oder Rad, indem Sie ihm einfach den ungezwungenen Kontakt ermöglichen, ohne ihn schon an die andere Art der Fortbewegung heranzuführen. Ihr Hund soll einfach Fahrrad oder Pferd als normalen Teil seines Umfeldes akzeptieren lernen.

▶ **Organisierter Hundesport**

Wenn Ihr Hund über den Grundgehorsam verfügt, wie er etwa in der Begleithundeprüfung verlangt wird, können Sie mit ihm an unterschiedlichen Wettbewerben und Hundesportarten teilnehmen.

Weisen Sie das nicht gleich von sich, weil Sie vielleicht einen Hundeverein kennen, dessen Ausbildungsmethoden Sie nicht schätzen, und Ihnen ohnehin vor der Vereinsmeierei graust.

Überlegen Sie einfach, ob Sie der Typ Mensch sind, der ohne regelmäßigen Übungstreff regelmäßig übt. Überlegen Sie, ob Sie von sich aus Ihrem Hund immer neue Anforderungen stellen. Überlegen Sie, ob Ihr Hund seine Triebe und seine Fähigkeiten bei Ihnen weitgehend ausleben darf. Wenn das alles nicht so ist, dann werfen Sie noch mal einen zweiten Blick auf den Hundeverein oder suchen einfach einen anderen Verein, der es vielleicht besser und anders macht, der eher in Ihrem Sinne arbeitet.

Wenn Sie sich dann für eine der vielen Möglichkeiten der organisierten Arbeit mit dem Hund entscheiden, dann überlegen Sie immer auch, ob Sie selbst Spaß an so einer Arbeit haben. Wenn Sie die Fährtenarbeit langweilt oder Sie bei den Kraxelübungen der Rettungshunde um Ihre eigenen Knochen fürchten, dann lassen Sie diese Sparten einfach.

Ihr Hund wird sich an fast jeder Sportart freuen, die für ihn geeignet ist. Hauptsache, sie fordert seinen Grips und seine Fähigkeiten.

TURNIERHUNDSPORT ▶ Diese Sportart wurde früher Breitensport genannt und soll Mensch und Hund zu lustbetonter körperlicher Betätigung zusammenführen. Sie alle haben wahrscheinlich schon die Hindernisstrecken auf Hundeplätzen gesehen, die dabei überwunden werden müssen. Dieser Hindernislauf über Hürden, Tonnen, durch Reifen, über Laufstege und Treppen und durch Röhren ist ein Teil der Anforderungen, die bei einem Turnier gestellt werden. Neben dem Hindernislauf, bei dem nur der Hund die Hindernisse bewältigen muss, gibt es den Sprung über drei Hürden, den beide absolvieren müssen, den Slalomlauf und, je nach Anlage des Turniers, auch noch einen Geländelauf über 2000 oder 5000 Meter. Auch der Nachweis einer guten Unterordnung, wie in der Begleithundeprüfung, wird manchmal gefordert.

Ob bei einer Veranstaltung alle Sparten des Breitensports zum Tragen kommen, hängt vom Veranstalter ab. Gestartet wird in (menschlichen) Altersklassen und in (hundlichen) Größenklassen.

Gewonnen haben die Schnellsten (Fehler werden natürlich abgerechnet), die Zeit bestimmt derjenige des Mensch-Hund-Teams, der als Letzter durchs Ziel geht.

Der Vorteil dieser sportlichen Betätigung liegt auf der Hand: beide halten sich fit. Der Hund lernt körperliche und geistige Anforderungen zu bewältigen und sich auf seinen Menschen zu verlassen, der ihn sicher in die Bewältigung der Aufgaben führt. Die Zusammenarbeit stärkt die Zusammengehörigkeit und den Gehorsam des Hundes. Eine Betätigung, die Ihrem Hund ganz sicher großes Vergnügen machen wird. Ob es Ihnen Spaß macht, müssen Sie entscheiden.

Agility ist für gesunde Hunde eine wunderbare Möglichkeit, sich auszuarbeiten.

TIPP

Falls Ihr Hund mit HD behaftet ist, sollten Sie ihm Betätigungen, bei denen viel gesprungen wird, nicht anbieten.

AGILITY ▶ Dies ist eine Hundesportart, die aus England kommt. Die Hindernisse sind ähnlich wie im Breitensport: fester Tunnel, Stofftunnel, Laufsteg (deutlich höher als im Breitensport), Slalom, Tisch, Wippe, Schrägwand, Hürden, ein »Viadukt«, Reifen.

Anders als beim Breitensport wird der Parcours vom Hund ohne Halsband und Leine nur durch Befolgen der Zurufe seines Menschen bewältigt. Nur die Zeit des Hundes wird gestoppt. Auch hier gibt es Größen- und Qualifikationsklassen.

Dieser Sport mit dem Hund wird immer beliebter und auf vielen Hundeausstellungen ist er ein Publikumsmagnet, ebenso wie die dort üblichen Vorführungen der Rettungshunde. Seine Vorteile sind denen des Breitensports vergleichbar.

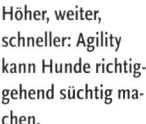

Höher, weiter, schneller: Agility kann Hunde richtiggehend süchtig machen.

Allerdings erfordern die Hindernisse des Agility viel Sprungkraft, Wendigkeit, Schnelligkeit und die Fähigkeit zum Klettern. Nur absolut gesunde und fitte Hunde werden zugelassen. Die Obergrenze sind 70 cm Schulterhöhe.

FÄHRTENHUND ▶ Die Fährtenarbeit ist auch Teil der Schutzhundeausbildung. Sie ist aber ebenso eine eigenständige Disziplin. Die Fährtenhundprüfung ist deutlich anspruchsvoller als der Fährtenteil bei der Schutzhundeprüfung.

Ihr Hund folgt dabei einer Fährte, die eine Person vor mehreren Stunden gelegt hat und die mindestens 1500 Schritte lang ist. Diese Fährte wird von anderen Fährten gekreuzt (so genannte Verleitungen, von denen sich Ihr Hund aber nicht verleiten lassen darf). Auf dieser Fährte liegen verschiedene Gegenstände, die dem Fährtenleger gehören. Die Fährte geht über Wiesen und Äcker, kreuz und quer, läuft auch mal über eine betonierte Straße oder macht einen Bogen. Die Aufgabe des Hundes ist es, der Fährte, ohne sich irritieren zu lassen, zu folgen und die Gegenstände des Fährtenlegers und nur diese anzuzeigen, die er auf der Fährte findet.

Dies ist eine ganz wunderbare Beschäftigung für Ihren Hund – und die meisten sind gute Fährtenhunde. Der Vorteil dieser Betätigung mit dem Hund ist, dass sie ihm Spaß macht, einen wichtigen Trieb befriedigt und dass Ihr Hund sich dabei richtig ausarbeiten kann, weil er alle seine Sinne für diesen Job braucht. Der Nachteil ist, dass dies eine Arbeit ist, bei der Sie beim Üben meist allein sind und die relativ zeitaufwendig ist.

OBEDIENCE ▶ Obedience ist eine Hundesportart, die aus den USA und England kommt und bei uns noch kaum angeboten wird. Wörtlich übersetzt heißt es Gehorsam, und Gehorsamsübungen sind es, aber in Perfektion. Anders als bei unseren so genannten Unterordnungsteilen in den Hundesportprüfungen gibt es hier kein festgelegtes Schema. Was wann und wie gemacht wird, entscheidet der Richter immer wieder neu, und die Teilnehmer müssen dies auf »Hör- oder Sichtzeichen« des Richters hin ausführen.

Verlangt werden ähnliche Leistungen wie im Unterordnungsteil der Begleithundeprüfung. Hinzu kommt das Identifizieren eines Gegenstandes, der den Geruch des Hundeführers trägt, und das Bringen dieses Gegenstandes. Auch die Kontrolle auf Distanz, also das Befolgen der Hörzeichen »Sitz und »Platz« auf Distanz, und der Wechsel von einer Position in die andere wird verlangt. Starten kann man in zwei nationalen Klassen und in einer internationalen Klasse.

Eine Art Hundesport, die den Vorteil hat, dass der Hund wirklich lernt, auf seinen Menschen zu achten.

Obedience ist eine Wettkampfart, bei der alle Hunde und Menschen mitmachen können. Es wäre schön, wenn sich auch in Deutschland noch viel mehr Gruppen zu dieser Art Beschäftigung mit dem Hund zusammenfänden.

RETTUNGSHUND ▶ Wenn Sie schon einmal auf einer Internationalen Rassehundeausstellung waren, haben Sie bestimmt schon die beeindruckenden Leistungen der Rettungshunde gesehen. Über Trümmerfelder und auf Leitern und über hohe, wackelige Hängebrücken gehen sie ihrem Geschäft nach. Im Fernsehen und in den Medien sind sie einige der wenigen Sympathieträger zum Thema »Hund und Mensch«.

Die Ausbildung eignet sich für alle mittelgroßen Hunde. Die Rettungshundeausbildung umfasst die so genannte Flächensuche und die Trümmersuche, also das systematische Absuchen einer Fläche und das Durchsuchen von Trümmern, z.B. nach einer Gasexplosion. Die Ausbildung ist ausgesprochen anspruchsvoll. Sie hat den Vorteil, dass der Hund gefordert wird, Spieltrieb und Nasenveranlagung ausleben darf und zusammen mit seinem Menschen an den Aufgaben wächst, die er gestellt bekommt. Die Hund-Mensch-Beziehung wird dadurch sehr vertieft, denn nur ein Hund, der hohes Vertrauen in seinen Menschen setzt, begibt sich auf so unwegsames Terrain, wie das von den Rettungshunden verlangt wird.

Die Rettungshunde legen ihre Leistungsnachweise in den Rettungshundeprüfungen ab. Diese Prüfungen müssen regelmäßig wiederholt werden, sonst darf man den »Titel« nicht mehr führen und wird wieder hundesteuerpflichtig.

Auch hier gilt wie immer: diese Arbeit ist tabu für alle Hunde, die einen ungünstigen HD-Befund haben.

Man kann beim Bundesverband für Rettungshunde und bei den Rettungshundestaffeln der großen Wohlfahrtsverbände anfragen und sich ausbilden lassen.

Die Rettungshundeausbildung ist aber nicht »just for fun« wie die anderen Ausbildungen. Wenn Ihr Hund dann ein richtiger Rettungshund ist, wird auch erwartet, dass er Dienst tut, wenn er gebraucht wird. Überlegen Sie deshalb vorher, ob Sie sich so weit engagieren wollen. Denn es ist unfair gegenüber den Trägern und den ehrenamtlichen Trainern, nur das »Sportliche« mitzunehmen und im Ernstfall dann abzuwinken.

THERAPIEHUND ▶ Aus Amerika und der Schweiz kommt eine neue Betätigung für den Hund, bei dem nicht so sehr der Hund und seine Bedürfnisse im Mittelpunkt stehen, sondern der Mensch, der mit Hilfe des Kontakts zum Hund ein Stück Lebensqualität (wieder-)gewinnen soll.

In verschiedenen Vereinen werden Hund-Menschen-Teams darauf vorbereitet, Besuche zu machen: im Altenheim, in psychiatrischen Kliniken, in Kinderkliniken und in Krankenhausstationen mit chronisch kranken Lang-

zeitpatienten. Hunde kommen dort auf Besuch und tun eigentlich nichts anderes als da zu sein, sich streicheln zu lassen, eventuell auch kämmen zu lassen, einen Ball zu holen oder ein Leckerchen entgegenzunehmen. Die Größe ist unerheblich. Nur ganz kleine Hunde sind eher ungeeignet.

Nichts Besonderes, denken Sie? Es ist eine Menge, was dem Hund da eventuell abverlangt wird. Denken Sie an die ungewollte Ungeschicklichkeit bei Betagten, wenn sie härter zufassen als gewollt, denken Sie an Geschrei und ungewohnte Bewegungen, denken Sie überhaupt an all das Ungewohnte, dem Hunde da ausgesetzt sind. Ein starkes Nervenkostüm und ein absolut sicheres Wesen sind Voraussetzung für diese Aufgabe.

Und es ist eine Menge, was der Hund dabei leisten und bewirken kann. Ganze Bücher sind inzwischen über tiergestützte Therapie veröffentlicht

Spielkameraden – von klein auf gut geprägte Hunde dürfen ihr Leben lang diese schöne Beschäftigung haben.

worden, jährlich finden Kongresse statt.

Es ist eine schöne Aufgabe für Sie und Ihren Hund, aber auch hier gilt wie bei den Rettungshunden: Wenn Sie eine solche Aufgabe machen wollen, dann übernehmen Sie Verantwortung auch und gerade für hilfsbedürftige Menschen. Wenn Sie das nicht wollen oder nur gelegentlich etwas tun wollen, ist Therapie- oder Besuchshund keine Aufgabe für Sie und Ihren Hund. Wenn Sie meinen, dass Sie und Ihr Hund geeignet sind, ist es ebenso wichtig, dass Sie stets bedenken, dass auch das Wohl Ihres Hundes im Mittelpunkt steht, also Überforderungen, Belästi-

gungen und Stress vermieden werden. Ihr Hund kann helfen und Herzen öffnen, aber bloßes Mittel zum therapeutischen Zweck sollte er nie werden.

▶ **Mit dem Hund in den Urlaub**

Manche Hundeinteressenten fragen den Züchter erst nach dem Preis für den Welpen und dann danach, ob er ihn später als Pensionsgast aufnimmt, wenn die Familie in Urlaub fährt. Wäre ich so ein Züchter, wäre meine Antwort klar: »Jemand, der seinen Hund in den schönsten Wochen des Jahres nicht an seiner Seite haben will, bekommt keinen Welpen zu keinem Preis von mir!« Ich kann verstehen, dass ein Kranken-

Eine Meute Freunde – es ist Ihre Pflicht, Ihrem Hund artgerechten Sozialkontakt mit Seinesgleichen zu bieten, das gehört zu jedem guten Hundeleben.

hausaufenthalt oder eine beruflich veranlasste Fortbildung Sie zwingen, Ihren Hund einmal zu verlassen. Für ihn werden das dramatische Tage, denn er hält Sie für tot und trauert entsprechend der Beziehung, die er zu Ihnen hat. Es ist ein bisschen so, als würden Sie ihn aussetzen. Wenn Sie sich einen Hund anschaffen und eine so große Familie haben, dass immer »Rudelmitglieder« bei Ihrem Hund sind, können Sie ruhig mal eine Woche nach New York oder Hongkong. Wenn nicht, sollten Sie entweder nach Kempten oder nach Celle, in die Cevennen oder in den Böhmerwald, nach Gatow oder in das Tessin. Wenn diese Reiseziele für Sie zu europäisch sind, dann sollten Sie sich besser keinen Hund anschaffen. Im Flugzeug dürfen nämlich nur sehr kleine Hunde mit ihren Menschen in der Kabine sein. Alle anderen müssen in Boxen in den Frachtraum – unakzeptabel und eigentlich nur mit Beruhigungsmitteln und ausnahmsweise vorstellbar.

Ihr Hund begleitet Sie gerne, Hauptsache er darf mit. Solange er keine altersbedingten Einschränkungen hat, kann er auch überall mit, wohin er Ihnen auf seinen vier Pfoten folgen kann. Es versteht sich von selbst, dass extreme Bergtouren oder mehrtägige Kreuzfahrten dabei ausscheiden.

Übrig bleiben jede Menge attraktiver Reiseziele. Die Unterbringung ist kein Problem, Sie müssen nur vorab klären, dass Ihr Hotel, Ihre Ferienwohnung oder Ihr Campingplatz Hunde aufnimmt und zu welchen Bedingungen. Manchmal dürfen nämlich nur kleine Hunde mit.

Ihr Tierarzt berät Sie hinsichtlich der Einreisevorschriften im europäischen Ausland. Darüber sollten Sie sich rechtzeitig kundig machen, denn bei manchen Ländern müssen schon Wochen vorher Formalitäten eingeleitet werden. Ihr Tierarzt stellt Ihnen auch eine Reiseapotheke zusammen, die auf Ihren Hund zugeschnitten ist. Er informiert Sie über die speziellen gesundheitlichen Gefahren, denen Ihr Hund in bestimmten Reiseländern ausgesetzt ist, und darüber, welche Vorsorge Sie treffen können.

Reisegepäck für den Hund

- ☐ Wasserflasche, Wassernapf
- ☐ gewohntes Futter, Futternapf
- ☐ Hundekuchen und Kauknochen
- ☐ Halsband und Leine
- ☐ Kamm, Bürste, Zeckenzange
- ☐ Impfpass und Reiseapotheke
- ☐ Schmusedecke und Plüschtier
- ☐ Spielzeug
- ☐ Handtücher und Lappen
- ☐ Plastikbeutel oder Entsorgungssets

Service

Service

▶ Zum Weiterlesen

Beck, Peter: Das Beste für meinen Hund. Profitips für Hundefreunde. Kosmos, Stuttgart 2000.

Becvar, Dr. Wolfgang: Naturheilkunde für Hunde. Grundlagen, Methoden, Krankheitsbilder. Kosmos, Stuttgart 1994.

Brehm, Dr. Helga: Hundekrankheiten. Kosmos, Stuttgart 1995.

Donaldson, Jean: Hunde sind anders ... Menschen auch – so gelingt die Verständigung zwischen Mensch und Hund. Kosmos, Stuttgart 2000.

Durst-Benning, Petra: Kräuterapotheke für Hunde. Kosmos, Stuttgart 1998.

Durst-Benning, Petra und Carola Kusch: Der große Spiele-Spaß für Hunde. 60 Spiele für drinnen und draußen. Kosmos, Stuttgart 1997.

Feddersen-Petersen, Dr. Dorit: Hunde und ihre Menschen. Kosmos, Stuttgart 1992.

Feddersen-Petersen, Dr. Dorit: Hundepsychologie. Wesen und Sozialverhalten. Kosmos, Stuttgart 1989.

Feltmann-von Schroeder, Gudrun: Welpentraining mit Gudrun Feltmann. Der gute Start. Kosmos, Stuttgart 2000.

Harries, Brigitte und Jan P. Schniebel: Ein Hund soll es sein. Kosmos, Stuttgart 1994.

Harries, Brigitte: Ein Welpe kommt ins Haus. Kosmos, Stuttgart 1995.

Harries, Brigitte: Hundesprache verstehen. Kosmos, Stuttgart 1998.

Hertrich, Hans-Günter: Hundespaß Agility. Kosmos, Stuttgart 1998.

Hoefs, Nicole und Petra Führmann: Das Kosmos-Erziehungsprogramm für Hunde. Kosmos, Stuttgart 1999.

Jones, Renate: Welpenschule leichtgemacht. Kosmos, Stuttgart 1997.

Kejcz, Yvonne: Unser Hund wird alt. Kosmos, Stuttgart 1994.

Krämer, Eva-Maria: Das Kosmos-Hundebuch. Kosmos, Stuttgart 1995.

Lausberg, Frank: Erste Hilfe für den Hund. Kosmos, Stuttgart 1999.

Pietralla, Martin: Clicker-Training für Hunde. Kosmos, Stuttgart 2000.

Pryor, Karen: Positiv bestärken, sanft erziehen. Die verblüffende Methode, nicht nur für Hunde. Kosmos, Stuttgart 1999.

Rakow, Dr. Barbara: Der homöopathische Hundedoktor. Kosmos, Stuttgart 1999.

Rustige, Dr. Barbara: Hundekrankheiten. Kosmos, Stuttgart 1999.

Schmalfuß, Ute-Kristin: Mein Hund. Kosmos, Stuttgart 1998.

Sonnenschmidt, Rosina: Heilende Hände für Tiere. Positive Energien selbst entwickeln. Kosmos, Stuttgart 1999.

Stein, Petra: Bach-Blüten für Hunde. Kosmos, Stuttgart 1997.

Tammer, Isabell: Hundeernährung. Kosmos, Stuttgart 2000.

Tellington-Jones, Linda und Sybil Taylor: Der

neue Weg im Umgang
mit Tieren. Die Telling-
ton TTouch Methode.
Kosmos, Stuttgart 1993.
Tellington-Jones, Linda:
Tellington-Training für
Hunde. Das Praxisbuch
zu TTouch und TTeam.

Kosmos, Stuttgart 1999.
Tellington-Jones, Linda:
Tellington-Training für
Hunde. Video. Kosmos,
Stuttgart 2001.
Winkler, Sabine: Hunde-
erziehung. Sanfte Erzie-
hung von Anfang an;

Hundesprache verste-
hen; Probleme effektiv
lösen. Kosmos, Stuttgart
2000.
Zidonis, Nancy A. und Ma-
rie K. Soderberg:
Akupressur für Hunde.
Kosmos, Stuttgart 1999.

▶ **Adressen**

Wenn Sie einen Rassehund
suchen:
Verband für das Deutsche
Hundewesen (VDH) e.V.
Westfalendamm 174
D-44141 Dortmund
Tel. 02 31 – 56 50 00
Fax 02 31 – 59 24 40
www.vdh.de
Info@vdh.de

Notvermittlung für erwachsene Rassehunde in
Deutschland: Fast jeder Rassezuchtverein hat eine Not-
vermittlungsstelle für die
von ihm betreute Rasse.
Vielleicht wartet dort Ihr
Traumhund auf Sie. Die
Adressen erhalten Sie über
den VDH bzw. von dort aus
über den zuständigen Ras-
sezuchtverein.

Österreichischer Kynologen-
Verband (ÖKV)
Johann-Teufel-Gasse 8
A-1238 Wien
Tel. 01 – 8 88 70 92
Fax 01 – 8 89 26 21

Scheizerische Kynologische
Gesellschaft (SKG)

Länggaßstr. 8
CH-3001 Bern
Tel. 0 31 – 3 01 58 19
Fax 0 31 – 3 02 03 15
www.hundeweb.org

Wenn Sie einen Hund aus
dem Tierheim suchen:
Deutscher Tierschutzbund
Baumschulallee 15
D-53115 Bonn
Tel. 02 28 – 69 77 01
Fax 02 28 – 63 12 64
www.tiere-aus-tierhei-
men.de

Wenn Sie eine Hundesport-
möglichkeit suchen:
Deutscher Hundesport-
verband e.V. (dhv)
Gustav-Sybrecht-Str. 42
D-44536 Lünen
Tel. 02 31 – 8 79 49
Fax 02 31 – 8 77 08 13

Bei der Suche nach Spezial-
tierärzten hilft Ihnen die
Tierärztekammer des jewei-
ligen Landes oder:
Bundestierärztekammer
Oxfordstr. 10
D-53111 Bonn

Homöopathisch tätige
Tierärzte erfahren Sie über
den Zentralverband der Ärz-
te für Naturheilverfahren
Alfredstr. 21
D-72250 Freudenstadt

Wenn Sie den TTouch ler-
nen wollen:
TTEAM Deutschland
Bibi Degn
Hassl 4
D-57589 Pracht
Tel. 0 26 82 – 88 86
Fax: 0 26 82 – 66 83
Bibi@TTEAM.de

TTEAM Österreich
Ruth & Martin Laser
Anningerstr. 18
A-2353 Guntramsdorf
Tel. 0 22 36 – 4 70 00
Fax: 0 22 36 – 4 70 70
tteam.office@aon.at

TTEAM Schweiz
Doris Suess-Schröttle
Mascot Ausbildungszen-
trum AG
CH – 8566 Neuwilen
Tel. 0 71 – 6 99 18 25
Fax 0 71 – 6 99 18 27
learn@mascot-
ausbildung.ch

Wenn Sie eine Therapie-
hundeausbildung machen
möchten:
Interessengemeinschaft
für tiergestützte Therapie
mit Hunden
Ansprechpartner:
Elke Schmid
Saarstr. 3
D-71282 Hemmingen
Tel./Fax: 0 71 50 – 62 76

Wenn Sie Ihren Hund re-
gistrieren lassen wollen
(wichtig bei Verlust des Tieres):
TASSO
Haustierzentralregister für
die BRD e.V.
Frankfurter Str. 20
65795 Hattersheim

Wenn Sie ein älterer Hun-
dehalter sind:
Hauptgeschäftstelle des
Bundesverbandes Tier-
schutz e.V.
Freundeskreis betagter Tier-
halter
Walpurgisstr. 40
D-41441 Moers
Tel. 0 28 41 – 2 52 44

Alles was Recht ist

Was Hunde und ihre Halter dürfen oder nicht dürfen, regeln Verordnungen der Kommunen und der Bundesländer. Je nach Bundesland und je nach Stadt können sich diese Verordnungen unterscheiden. Informieren Sie sich über die Bestimmungen, bevor Sie einen Hund zu sich nehmen, denn manchmal sind diese Vorschriften so einengend, dass Sie vielleicht besser keinen Hund oder nicht einen speziellen Rassehund halten möchten.

Welche Verordnungen für Sie und Ihren Hund gelten, erfahren Sie beim Ordnungsamt Ihrer Kommune.

Positive Verstärkung

Positive Verstärkung ist das Zauberwort für Erziehung und Training ohne Zwang, Gewalt und Strafe. Dieses Verhaltenstraining lässt sich nahezu auf jede Alltags-situation anwenden – und funktioniert auf verblüffende Weise bei Tieren und Menschen hervorragend. Als Clickertraining ist die positive Verstärkung in der Hunde-erziehung bekannt geworden.

Karen Pryor
Positiv bestärken – sanft erziehen

208 Seiten, geb.
ISBN 3-440-07695-4

Präzises Lob in jeder Situa-tion: der Clicker macht es möglich! Der Hund wird so trainiert, dass er diesen Ton mit einer darauffolgenden Belohnung verknüpft. Der Vorteil: auch auf Distanz kann der Hund zum richtigen Zeit-punkt gelobt werden. Mit dem Clickertraining lernen Hunde motiviert und kreativ.

Martin Pietralla
ClickerTraining für Hunde

128 Seiten,
200 Farbfotos, kart.
ISBN 3-440-08012-9

Package:
Buch und **Clicker**

92 Farbfotos von Peter Beck (2, S. 10, 19), Heike Erdmann/Kosmos (5, S. 13, 33, 34, 51, 83), Thomas Höller (11, S. 30l, 60, 9, 250, 25u, 26, 52, 600, 69, 76, 115), Thomas Höller/Kosmos (7, S. 30r, 21, 31, 58, 60u, 61, 62), Juniors Bildarchiv (8, Brinkmann S. 4/5, Liebold S. 3ul, 230, Oechslein S. 2ur, 6u, 78, Schanz S. 29, Wegner S. 101), Lothar Lenz (2, S. 2m, 14), Isolde Oelmaier (2, S. 124), Pedigree Pal (3, S. 103, 109, 110), Reinhard Tierfoto (2, S. 81, 94), Ralf Roppelt/Sahara Werbeagentur/Kosmos (Kapitelkennfotos ohne Hund), Marc Rühl/Kosmos (4, S. 22, 47, 59, 84), Christof Salata/Kosmos (alle übrigen 27 Aufnahmen), Karl-Heinz Widmann (5, S. 1, 23u, 40, 42, 99).

Alle Angaben in diesem Buch erfolgen nach bestem Wissen und Gewissen. Sorgfalt bei der Umsetzung ist indes dennoch geboten. Der Verlag und die Autorin übernehmen keinerlei Haftung für Personen-, Sach- oder Vermögensschäden, die aus der Anwendung der vorgestellten Materialien und Methoden entstehen könnten.

Umschlag von Atelier Reichert, Stuttgart, unter Verwendung von 3 Farbfotos von Peter und Elisabeth Zapf (großes Motiv) und Christof Salata/Kosmos.

Die Deutsche Bibliothek – CIP-Einheitsaufnahme
Ein Titelsatz für diese Publikation ist bei der Deutschen Bibliothek erhältlich

Bücher · Kalender · Spiele · Experimentierkästen · CDs · Videos · Seminare
Natur · Garten & Zimmerpflanzen · Heimtiere · Pferde & Reiten · Astronomie
· Angeln & Jagd · Eisenbahn & Nutzfahrzeuge · Kinder & Jugend

Informationen senden wir Ihnen gerne zu

KOSMOS Postfach 10 60 11
D-70049 Stuttgart
TELEFON +49 (0)711-2191-0
FAX +49 (0)711-2191-422
WEB www.kosmos.de
E-MAIL info@kosmos.de

Gedruckt auf chlorfrei gebleichtem Papier

Der Kosmos Verlag ist Mitglied in der

GKF

Gesellschaft zur Förderung Kynologischer Forschung e.V.

Postfach 140353
53058 Bonn
Service-Telefon
01 80 / 3 34 74 94

ISBN 3-440-08100-1
Lektorat: Angela Beck
Grundlayout: Friedhelm Steinen-Broo, eStudio Calamar
Satz und Gestaltung: TypoDesign, Radebeul
Printed in Czech Republic / Imprimé en République tchèque
Druck und Binden: Těšínská Tiskárna, a. s., Český Těšín

Hundepass

NAME

GESCHLECHT

TÄTOWIERUNG

GEWORFEN AM

BEKOMMEN AM

BESONDERE MERKMALE

WICHTIGE ADRESSEN

ZÜCHTER

TIERARZT

TIERÄRZTLICHER NOTDIENST

HUNDEVEREIN

HUNDEPENSION

ZOOFACHHANDLUNG

InfoLine

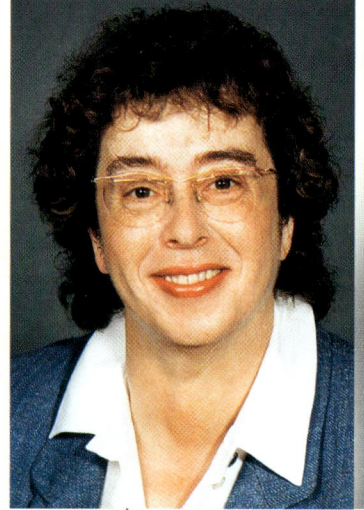

DR. YVONNE KEJCZ

ist mit Hunden aufgewachsen, hält selber Hunde und engagiert sich im Rassezuchtverein für Hovawart-Hunde.

Als Diplom-Pädagogin ist Yvonne Kejcz beruflich in der Erwachsenenbildung tätig. Ihr privates Interesse gilt Hunden, ihrem Verhalten und ihrer Ausdrucksweise. Die anschauliche Vermittlung von Hundewissen liegt ihr besonders am Herzen.

Vielen Hundefreunden ist sie durch ihre Artikel in Hundezeitschriften und die erfolgreichen Kosmos-Bücher *So sag ichs meinem Hund, Unser Hund wird alt* und *Hovawart* bekannt.

Sie können sich mit ihren Fragen und Problemen an Dr. Yvonne Kejcz wenden. Schreiben Sie an die »Hunde-InfoLine« (bitte mit Rückporto):

**Kosmos Verlag
»Hunde-InfoLine«
Postfach 10 60 11
D - 70049 Stuttgart**